교의신학 7

하문호 저

내세론

Dogmatics 7

by

Rev.*Ha Moon-ho*

Copyright © 1998 by *Ha Moon-ho*
Grisim Publishing Co.
Seoul, Korea
All rights reserved.

서 언

교의신학에서 마지막으로 다루어져야 할 주제는 내세론이다. 성경은 언약의 책이며, 언약은 반드시 미래의 사건에 대한 예언을 포함한다. 따라서 우리는 이 예언 속에서, 인간이 죽으면 그 이후에는 어떻게 되는 것일까? 또 이 세상은 종말이 있을 것인가? 그리고 종말이 있다면 그 때에는 어떤 사건들이 벌어질 것이며, 또 이 세상 종말 후에는 어떤 세계가 도래할 것인가? 하는 문제에 대하여 어느 정도 알 수 있게 된다.

이러한 문제들은 모든 사람들에게 매우 흥미를 끄는 것이지만 이런 문제를 다룸에 있어서 우리는 성경에서 벗어난 인간의 억측이 개입되지 않도록 조심해야 한다. 왜냐하면 성경은 이런 문제에 대하여 언급하고 있으되, 그것은 미래의 사건에 대한 인간의 모든 궁금증을 다 풀어주기 위하여 그렇게 하는 것이 아니고 우리의 구원에 필요한 만큼의 계시만 하고 있기 때문이다.

내세론은 개인적 내세론과 일반적 내세론으로 구분된다. 전자는 개인이 죽은 후에 어떻게 될 것인가에 대한 설명이고 후자는 이 세상 종말에 이루어질 사건들과 그 후의 세계에 관한 설명이다. 따라서 본서에서는 제1편에서 내세론의 개념과 연구 방법을 예비적 고찰이라는 제하(題下)에서 다루고, 제2편에서 개인적 내세론을, 제3편에서 일반적 내세론을 다루고자 한다.

차 례

서 언 · 3

제1편 예비적 고찰

제1장 내세론의 개념

제 1 절 용어의 고찰 · 12
  I. 에스카톨러지(Eschatology) – 종말론 · 12
  II. 내세론 · 14

제 2 절 철학 및 이방 종교의 내세론과 다른 점 · 15
  I. 철학에 있어서의 내세론 · 15
  II. 이방 종교에 있어서의 내세론 · 16
  III. 철학 및 이방 종교의 내세론과 기독교의 다른 점 · 16

제 3 절 내세론의 교의학상의 지위 및 내용 · 17
  I. 교의학상의 지위 · 17
  II. 내용 · 17

제2장 내세론 연구의 의의와 방법

제 1 절 내세론 연구의 의의 · 20
  I. 내세론 연구는, 신자들로 하여금 내세에 받게 될 영생과 상급이라는 소망을 갖게 하여 그것을 얻기 위한 삶을 살도록 격려해 준다.
     · 20
  II. 내세론 연구는 신자들에게 천국의 영광과 상급, 그리고 지옥의 형벌이 어떤 것인지를 깨우쳐 복음 전파의 사명의 중요성을 알게 한다. · 21
  III. 내세론 연구는, 우리에게 왜 예수를 믿는가를 묻는 자들에게 대답할 것을 예비해 주며 비방하는 자들로 하여금 부끄러움을 당하게

한다. · 22
　Ⅳ. 내세론 연구는, 신자들로 하여금 필경 근신하여 기도하도록 만든다. · 22
　Ⅴ. 내세론 연구는, 신자들로 하여금 서로 사랑할 필요를 느끼게 한다 · 23
　Ⅵ. 내세론 연구는, 신자들로 하여금 신앙을 굳게 지킬 필요를 느끼게 한다. · 23

제 2 절 내세론의 연구방법 · 23
　Ⅰ. 신약에만 의존하지 말 것 · 24
　Ⅱ. 구약 예언의 특성들을 고려할 것 · 24

제 2 편 개인적 내세론

제 1 장 육체적 죽음

제 1 절 육체적 죽음의 정의 및 필연성 · 28
　Ⅰ. 육체적 죽음의 정의 - 영육의 분리 · 28
　Ⅱ. 육체적 죽음의 필연성 · 30

제 2 절 불신자의 육체적 죽음의 원인 · 32
　Ⅰ. 육체적 죽음의 원인은 죄로 인한 형벌 때문이다. · 32
　Ⅱ. 육체적 죽음은 자연적인 것이 아니다 · 32

제 3 절 성도의 육체적 죽음의 의미 · 34
　Ⅰ. 교리적 문제의 제기와 해결 방안의 모색 · 34
　Ⅱ. 성도의 육체적 죽음의 다양한 의미 · 35

제 4 절 죽음에 대한 성도의 자세 · 38
　Ⅰ. 성경의 교훈과 사도들의 예 · 38
　Ⅱ. 이 성구들에서 얻은 교훈 · 39

제2장 영생

제 1 절 용어의 다양한 의미 · 48
  I. 절대적 의미의 영생 · 48
  II. 상대적 의미의 영생 · 49

제 2 절 영생에 대한 성경적 증거 · 51
  I. 구약의 증거 · 51
  II. 신약의 증거 · 53

제 3 절 영생에 대한 반대주장 및 대체 개념들 · 57
  I. 반대 주장 - 유물론 · 57
  II. 대체 개념들 · 57
  III. 비판 · 58

제3장 중간기 상태

제 1 절 중간기 상태의 개념과 제기되는 문제들 · 60
  I. 중간기 상태의 개념 · 60
  II. 제기되는 문제들 · 61

제 2 절 중간기 처소에 대한 교리사적인 고찰 · 61
  I. 교리의 발생 동기 · 61
  II. 교부들의 주장 내용 · 62

제 3 절 로마 교회의 중간기 처소관과 비판 · 64
  I. 로마 교회의 중간기 처소관 · 64
  II. 비판 · 67

제 4 절 중간기 처소로서의 음부관과 비판 · 72
  I. 용어의 고찰 · 73
  II. 이 용어가 사용된 성구들 · 73

    III. 중간기 처소로서의 음부관 발생 원인 · 75
    IV. 중간기 처소로서의 음부관의 주장 내용 · 75
    V. 이 음부관이 잘못을 범하게 된 이유 · 76
    VI. 음부의 여러 가지 의미 · 77
    VII. 결 론 · 78

제 5 절 중간기 처소에 대한 성경적 견해 · 78
    I. 웨스트민스터 신앙고백서의 진술 · 78
    II. 박형룡 박사가 요약한 교리적 진술 · 79
    III. 신자의 영혼이 직접 천국에 감을 말해 주는 성구 · 79
    IV. 낙원이란 어떤 곳인가? · 80
    V. '아브라함의 품'은 어떤 곳인가? · 82

제 6 절 사후 영혼의 의식 상태 · 83
    I. 영혼 수면설 · 83
    II. 멸절설 · 86
    III. 조건적 영생설 · 86

제 7 절 사후 영혼의 활동상태 · 88
    I. 제2시련설 · 88
    II. 강령(降靈)주의 · 91

제 3편 일반적 내세론

제 1 장 그리스도의 재림

제 1 절 예비적 고찰 · 98
    I. 그리스도 재림교리의 중요성 · 98
    II. 그리스도 재림의 확실성 · 100

제 2 절 재림의 징조 · 103

Ⅰ. 복음의 세계적 전파(이방인의 부르심) · 104
　　　Ⅱ. 이스라엘 전국의 회심 · 105
　　　Ⅲ. 대배교의 대환난 · 107
　　　Ⅳ. 적 그리스도(Anti Christ)의 출현 · 108

　제 3 절 재림의 시기 · 115
　　　Ⅰ. 천년왕국 전인가 후인가? · 115
　　　Ⅱ. 대환난 전인가 후인가? · 116

　제 4 절 재림의 양식과 목적 · 117
　　　Ⅰ. 재림의 양식 · 117
　　　Ⅱ. 재림의 목적 · 119

제 2 장 천년왕국론

　제 1 절 예비적 고찰 · 123
　　　Ⅰ. 문제의 초점 – 계 20:1-6의 해석문제 · 123
　　　Ⅱ. 4가지 견해 · 124

　제 2 절 무천년기 재림론 · 125
　　　Ⅰ. 도 표 · 125
　　　Ⅱ. 주장의 요지 · 125
　　　Ⅲ. 무천년기 재림론자의 계 20:1-6의 해석 · 128
　　　Ⅳ. 비판 · 130

　제 3 절 천년기 후 재림론 · 133
　　　Ⅰ. 도표 · 133
　　　Ⅱ. 주장의 요지 및 주장자 · 133
　　　Ⅲ. 천년기 후 재림론자의 변론 · 135
　　　Ⅳ. 비판 · 136

　제 4 절 세대주의 천년기 전 재림론 · 139
　　　Ⅰ. 도 표 · 139

II. 세대주의의 개관 · 139
 III. 주장의 요지 및 주장자 · 141
 IV. 세대주의의 천년기 전 재림론자의 변론 · 143
 V. 비판 · 143

제 5 절 역사적 천년기 전 재림론 · 147
 I. 도표 · 147
 II. 주장의 요지 · 148
 III. 주장자 · 150
 IV. 역사적 천년기 전 재림론자의 변론 · 151

제3장 죽은 자의 부활

제 1 절 부활론의 중요성 · 154
 I. 교리적 중요성 · 154
 II. 실제적 중요성 · 156

제 2 절 부활의 성경적 증거 · 158
 I. 구약의 증거 · 158
 II. 신약의 증거 · 159

제 3 절 부활의 성질 · 161
 I. 삼위 하나님의 역사 · 161
 II. 그리스도의 부활의 결과이다 · 162
 III. 육체적 부활 · 162
 IV. 동일성과 변화성 · 163
 V. 전체성 · 164

제4장 최후 심판

제 1 절 최후 심판론의 중요성 · 166
 I. 교리의 중요성 – 칭의와의 관계에서 · 166
 II. 실제적 중요성 · 167

제 2 절 최후 심판의 성경적 증거 및 성질 · 168
  I. 성경적 증거 · 168
  II. 심판의 성질 · 170

제 3 절 심판자와 심판의 대상 및 표준 · 171
  I. 심판자 · 171
  II. 심판의 대상자 · 174
  III. 심판의 표준 – 계시된 의지 · 176

제5장 최후상태

제 1 절 사단의 최후 상태 · 178
  I. 사단의 잠시 석방 · 178
  II. 최후 심판 후 불과 유황 못에서 영원한 고통을 당함 · 178

제 2 절 악인의 최후상태 · 179
  I. 악인의 처소 · 179
  II. 영벌의 상태 · 180
  III. 형벌의 기간 – 영원 · 181

제 3 절 의인의 최후 상태 · 182
  I. 의인의 거처 · 182
  II. 의인의 영생의 성질 · 184

제 1 편 예비적 고찰

제 1 장 내세론의 개념

제 2 장 내세론 연구의 의의와 방법

제1장 내세론의 개념

기독교 교의신학에서 다루어지는 내세론이란 과연 어떤 것인가? 그 개념을 파악하기 위하여 먼저 제1절에서 내세론이라는 용어에 대하여 살펴보고, 제2절에서는 그것이 철학과 이방 종교의 내세 사상과 어떻게 다른 것인가를 보고, 제3절에서는 여기서 다루는 내세론의 정의를 내리고자 한다.

제 1 절 용어의 고찰

I. 에스카톨러지(Eschatology – 종말론)

1. 어원의 의미

교의신학에서 내세론을 가리키는 용어는 '에스카톨러지'(Eschatology)이다. 이 단어는 헬라어 '에스카토스'($ἔσχατος$, 최후, 마지막, 종말)에서 유래되었다. 따라서 이 용어는 '종말론' 또는 '내세론'으로 번역되어야 한다.

2. 성경의 표현

우리는 성경에서 위와 같은 단어가 나올 수 있는 표현들을 발견하게 된다.

- "아이들아 이것이 **마지막 때**(ἐσχάτη ὥρα)라"(요일 2:18).
- "**말일**(ἐσχάταις ἡμέραις)에 여호와의 전의 산이 모든 산꼭대기에 굳게 설 것이요"(사 2:2)
- "그는 창세 전부터 미리 알리신 바 된 이나 이 **말세**(ἐσχάτου τῶν χρόνων)에 너희를 위하여 나타내신 바 되었으니"(벧전 1:20).

3. 적합성 여부

위에서 보는 바와 같이 '에스카톨러지'(eschatology)라는 낱말은 이미 신학 용어로 굳어졌고 성경에서도 관련된 표현들을 찾아 볼 수 있음에도 불구하고, 이 용어는 교의신학의 마지막 부분에서 다루고자 하는 내용들을 전부 포함하지 못하는 결함을 갖고 있다.

이런 사실을 훅스마(H. Hoeksema) 교수는 다음과 같이 지적하고 있다.

> "에스카톨러지(eschatology)라는 명칭은 교의신학의 마지막 부분에 포함된 것들을 완전하게 표현해 주지 못한다.…헬라어 에스카토스 (ἔσχατος)와 레게인(λέγειν)에서 유래된 이 용어는 현세에 관련 하여 그 끝 부분에 일어날 일들을 의미할 뿐이다."[1]

훅스마(H. Hoeksema) 교수가 지적하는 대로, 우리가 지금 다루고자 하는 주제들을 '에스카톨러지' 곧 종말론이라고 칭하는 것은 적당치 않다. 왜냐하면 우리가 다루고자 하는 것은 이 세상 끝에 가서 어떤 일이 있을 것인가 하는 문제뿐만 아니라 그 후에 있을 영생의 나라와 그것에 관련된 사건들을 다루게 되기 때문이다.

---

1) Herman Hoeksma, *Reformed Dogmatics* (Grand Rapids, 1976), p. 729.

II. 내세론

1. 사용된 예

박형룡 박사는 그의 교의신학의 마지막 책을 내세론이라고 호칭하였다. 그리고 그는 말하기를 "우리는 현세의 종말 사물에보다도 영원한 내세의 나타남과 영속(永續)에 더 많은 흥미를 느끼어 내세론이라는 명칭을 채택한다"고 하였다.[2]

2. 성경의 표현

우리는 성경에서 '이 세상'과 '오는 세상'이라는 표현을 발견하게 된다.

- "누구든지 말로 성령을 거역하면 이 세상과 오는 세상(τούτῳ τῷ αἰῶνι…τῷ μέλλοντι)에도 사하심을 얻지 못하겠고"(마 12:32하).
- "모든 통치와 권세와 능력과 주관과 이 세상뿐 아니라 오는 세상(τῷ αἰῶνι τούτῳ…τῷ μέλλοντι)에 일컫는 모든 이름 위에 뛰어나게 하시고"(엡 1:21).

3. 적합한 용어

위와 같은 사실을 감안하고 지금 우리가 다루고자 하는 내용들을 생각할 때, '종말론'이라는 명칭보다는 이 세상이 그리스도의 재림 이후에 없어지고 그 후에 전개될 새 하늘과 새 땅(계 21:1 참조), 곧 영원한 안식의 세계에 관한 사건들이 다루어질 것을 암시하는 '내세론'이라는 명칭이 더 적합한 용어라고 생각된다.

그러나 '에스카톨러지'(eschatology)라는 말이 신학 용어로 굳어진 이

---

[2] 박형룡, 교의신학, 내세론(은성문화사, 1974), p. 45.

상 '종말론'이라는 명칭을 버릴 수는 없을 것이다. '내세론'이라는 말이 보다 적합한 명칭임을 인정하면서도 '종말론'이라는 명칭도 아울러 교대적으로 사용될 것이다.

제 2 절 철학 및 이방 종교의 내세론과 다른 점

내세에 관한 관심은 비단 기독교에만 국한된 것이 아니라 철학과 다른 이방 종교에서도 찾아볼 수 있다. 인생은 어디로부터 와서 어디로 가는 것인가? 인류가 향하여 가는 목적지는 어디인가? 이런 문제들에 관한 철학과 이방종교의 이론을 벌콥(L. Berkhof) 교수의 설명을 따라 살펴보면 다음과 같다.[3)]

I. 철학에 있어서의 내세론

개인이나 전인류의 최종 운명의 문제는 철학자들의 중요한 사색의 대상이었다.

1. 개인 영혼 불멸설

플라톤(Platon)은 영혼의 불멸성, 즉 사후에 영혼이 계속적으로 존재한다고 가르쳤으며 이 교리는 오늘날까지 철학계에 중요한 사상으로 남아 있다. 그리하여 월프(Wolff)와 라이프니쯔(Leibnitz)는 이 교리를 여러 논증들로 변호하였다. 칸트(Immanuel Kant)는 이 논증들이 무기력함을 강조하였지만 오히려 실천 이성의 전제 하에서 영혼의 불멸성을 주장하였다.

---

3) Louis Berkhof, *Systematic Theology* (Eerdmans, 1974), pp. 661, 662.

2. 세계의 계기적 순환설

철학자들은 개인의 장래에 대하여 숙고하였을 뿐만 아니라 세계의 장래에 대하여도 숙고하였다.

스토익(stoic)파는 계기적인 세계의 순환론을 주장하였으며, 불교도들은 세계의 영겁(world ages)을 말하였는데 그 각 기간에 새 세계는 나타났다가 또다시 사라진다고 하였다. 칸트도 세계들의 출생과 죽음을 생각하였다.

II. 이방 종교에 있어서의 내세론

내세에 관한 관심은 종교계에서 더욱 비상하다. 모든 이방 종교들은 거의 모두가 그들 나름대로 내세론을 가지고 있다. 불교는 열반(Nirvana)을 말하며, 회교는 육적인 낙원을, 인디안들은 행복한 사냥터를 말한다. 인간이 죽은 후에 영혼이 남아 있다는 신념은 죽은 자와의 교통을 추구하는 데서, 죽은 자들이 거주하는 지하 세계의 개념에서, 영혼들의 윤회의 개념에서 나타난다.

III. 철학 및 이방 종교의 내세론과 기독교의 내세론의 다른 점

위에서 보는 바와 같이 철학이나 이방 종교도 내세론을 가지고 있다. 그러나 그것들은 우리가 여기서 다루고자 하는 기독교의 내세론과는 근본적으로 다른 것이다. 그 다른 점을 몇 가지로 지적하면 다음과 같다.

1. 객관적 요소의 차이

철학과 이방 종교는 내세의 문제에 대하여 연구할 수 있는 아무런 객관적 자료도 가지고 있지 못하다. 인간이 사후에 어떻게 될 것인가 하는 문제는 자연인에게 있어서 죽어 봐야 아는 것이요, 결코 이 땅에 살고 있는 동안에는 알 수 없는 신비일 수밖에 없는 것이다.

그러나 기독교의 내세론은 특별계시로서의 성경을 객관적 자료로 하여 성립된다. 따라서 기독교의 내세론은 성경에 계시된 범위 안에서는 정확한 진리가 된다. 왜냐하면 이미 교의신학 서론에서 본 대로 성경은 영감된 정확무오한 하나님의 말씀이기 때문이다.

2. 주관적 요소의 차이

철학과 이방 종교의 내세론은 불신자, 곧 비중생자들의 사색의 산물이다. 그들에게는 세계의 문제에 대하여 해답을 얻을 수 있는 객관적 자료가 없을 뿐만 아니라, 설사 그런 자료가 주어진다 할지라도 그것은 영적 진리인 고로 육에 속한 그들로서는 분별할 수 없는 것이다. 신령한 일은 신령한 것으로 분별하기 때문이다. "우리가 이것을 말하거니와 사람의 지혜의 가르친 말로 아니하고 오직 성령의 가르치신 것으로 하니 신령한 일은 신령한 것으로 분별하느니라"(고전 2:13).

결론적으로 말해서 철학과 이방 종교의 내세론은 죄로 부패한 인간들의 막연한 상상이나 억측의 산물에 지나지 않는다. 오직 기독교의 내세론만이 신령한 자들 곧 중생한 자들이 특별계시인 성경을 객관적 자료로 하여 구성한 참된 진리라고 할 수 있다.

제 3 절 내세론의 교의학상의 지위 및 내용

I. 교의학상의 지위

내세론은 교의신학의 다른 모든 부분들이 모여 최종 결론을 찾아야 되는 부분이라고 할 수 있다. 내세론은 신론으로부터는 하나님께서 하시는 일이 최종에 가서 어떻게 완전한 영광을 받으시는 것으로 마무리짓게 되며, 또 어떻게 그의 계획이 완전한 실현을 보는가를 대답해 주게 되고, 인간론으로부터는 죄의 파괴적인 세력이 어떻게 완전히 극복되는가를 보여주며, 기독론으로부터는 그리스도의 구속사역이 어떻게 완전한 열매를 맺게 되는가를 내세론이 보여준다. 내세론은 또한 구원론으로부터는 성령의 사역이 죄로 말미암아 전적으로 부패한 인간을 어떤 과정을 거쳐 얼마나 영화롭고 완전한 상태에까지 끌어 올리시는 가를 보여주며, 교회론으로부터는 그리스도께서 세우신 교회가 최종에 가서 어떻게 승리하며 영화롭게 되는가를 보여 준다.

II. 내용

내세론의 내용은 위에서 언급한 대로 크게 개인적 내세론과 일반적 내세론으로 구분된다. 이것을 다시 좀더 세밀하게 말하면 다음과 같다.

1. 개인적 내세론

개인이 죽으면 그 후에 어떤 상태에 이르는가? 이 문제와 관련하여 고려될 사항들은 1) 육체적인 죽음, 2) 영생, 3) 중간기 상태 등이다.

2. 일반적 내세론

세계의 종말과 그 후에는 어떤 일이 있을 것인가? 이 문제와 관련하여 고려될 사항은 1) 그리스도의 재림, 2) 천년왕국, 3) 죽은 자의 부활, 4) 최종심판, 5) 최후 상태 등이다.

앞으로 이 책에서 내세론의 설명은 위와 같은 순서로 전개될 것이기 때문에 여기서는 그 내용 설명을 생략하기로 한다.

〈연습문제〉

1. Eschatology를 종말론이라고 번역하는 것의 부적당성은 무엇인가?

2. 철학에 있어서의 내세론을 약술하라.

3. 이방 종교에 있어서의 내세론은 무엇인가?

4. 위 2, 3번의 답과 기독교의 내세론의 다른 점을 설명하라.

5. 내세론의 교의학상의 지위를 설명하라.

6. 내세론을 내용면에서 구분하라.

제 2 장 내세론 연구의 의의와 방법

내세론 연구는 우리의 신앙 생활과 관련하여 어떤 의의가 있으며, 또 그 연구 방법은 어떠해야 할 것인가를 살펴보자.

제 1 절 내세론 연구의 의의

내세론 연구의 의의를 헨드릭슨(William Hendriksen) 교수의 설명을 토대로 하여 찾아보면 다음과 같다.[4]

I. 내세론 연구는, 신자들로 하여금 내세에 받게 될 영생과 상급이라는 소망을 갖게 하여 그것을 얻기 위한 삶을 살도록 격려해 준다.

성경에는 신자들이 장차 받게 될 상급에 관하여 여러 곳에서 약속하고 있다.

- "네가 죽도록 충성하라 그리하면 내가 생명의 관을 네게 주리라." (계 2:10).

---

4) William Hendriksen, 오성종 역, 내세론(새순출판사, 1979), pp. 26-28.

- "너희가 다 마음을 같이하여 동정하며 형제를 사랑하며 불쌍히 여기며 겸손하며 9 악을 악으로, 욕을 욕으로 갚지 말고 도리어 복을 빌라 이를 위하여 너희가 부르심을 받았으니 이는 복을 이어받게 하려 하심이라"(벧전 3:8, 9).

- "또 내 이름을 위하여 집이나 형제나 자매나 부모나 자식이나 전토를 버린 자마다 여러 배를 받고 또 영생을 상속하리라"(마 19:29).

그러므로 사도 바울은 "뒤에 있는 것은 잊어버리고 앞에 있는 것을 잡으려고 푯대를 향하여 그리스도 예수 안에서 하나님이 위에서 부르신 부름의 상을 위하여 좇아가노라"(빌 3:13, 14)고 하였다. 이처럼 신자들은 내세론에서 펼쳐지는 영생의 나라와 상급이 있기 때문에 이것을 얻기 위하여 그리스도의 이름으로 욕을 받고 핍박받는 생활을 오히려 복된 일인줄로 알고(벧전 4:12 참조) 기뻐하고 즐거워할 수 있는 것이다(마 5:10-12 참조).

II. 내세론 연구는 신자들에게 천국의 영광과 상급, 그리고 지옥의 형벌이 어떤 것인지를 깨우쳐 복음 전파의 사명의 중요성을 알게 한다.

- "하나님 앞과 살아 있는 자와 죽은 자를 심판하실 그리스도 예수 앞에서 그가 나타나실 것과 그의 나라를 두고 엄히 명하노니 너는 말씀을 전파하라 때를 얻든지 못 얻든지 항상 힘쓰라 범사에 오래 참음과 가르침으로 경책하며 경계하며 권하라"(딤후 4:1, 2).

- "알지 못하던 시대에는 하나님이 간과하셨거니와 이제는 어디든지 사람에게 다 명하사 회개하라 하셨으니 이는 정하신 사람으로 하여금 천하를 공의로 심판할 날을 작정하시고 이에 그를 죽은 자 가운데서 다시 살리신 것으로 모든 사람에게 믿을 만한 증거를 주셨음이니라 하니라"(행 17:30, 31).

- "14 헬라인이나 야만인이나 지혜 있는 자나 어리석은 자에게 다 내

가 빚진 자라 그러므로 나는 할 수 있는 대로 로마에 있는 너희에게도 복음 전하기를 원하노라 내가 복음을 부끄러워하지 아니하노니 이 복음은 모든 믿는 자에게 구원을 주시는 하나님의 능력이 됨이라 먼저는 유대인에게요 그리고 헬라인에게로다"(롬 1:14-16).

- "내가 여러 번 너희에게 말하였거니와 이제도 눈물을 흘리며 말하노니 여러 사람들이 그리스도의 십자가의 원수로 행하느니라"(빌 3:18).

III. 내세론 연구는, 우리에게 왜 예수를 믿는가를 묻는 자들에게 대답할 것을 예비해 주며 비방하는 자들로 하여금 부끄러움을 당하게 한다.

- "너희 마음에 그리스도를 주로 삼아 거룩하게 하고 너희 속에 있는 소망에 관한 이유를 묻는 자에게는 대답할 것을 항상 준비하되 온유와 두려움으로 하고 선한 양심을 가지라 이는 그리스도 안에 있는 너희의 선행을 욕하는 자들로 그 비방하는 일에 부끄러움을 당하게 하려 함이라"(벧전 3:15, 16).

IV. 내세론 연구는, 신자들로 하여금 필경 근신하며 기도하도록 만든다.

세상 종말이 가까우며 최후 심판과 그 후에 영원한 생명이 아니면 영원한 멸망을 받게 될 사실을 알게 될 때, 신자는 나그네와 행인 같은 이 세상 삶에서 승리하기 위하여 기도하지 않을 수 없게 된다.

- "만물의 마지막이 가까이 왔으니 그러므로 너희는 정신을 차리고 근신하여 기도하라"(벧전 4:7).
- "그러므로 너희 마음의 허리를 동이고 근신하여 예수 그리스도께서 나타나실 때에 너희에게 가져다 주실 은혜를 온전히 바랄지어다"(벧전 1:13).

V. 내세론 연구는, 신자들로 하여금 서로 사랑할 필요를 느끼게 한다.

이 세상에서 인간의 모든 분쟁과 시기와 갈등은 무엇을 먹을까, 마실까, 입을까 하는 세상적 이해 관계에서 대부분 비롯된다. 그러나 만물의 마지막이 가까운 줄 알고 영광의 내세를 바라보는 자들은 그런 이해 관계를 초월하여 한 소망 안에서 서로 사랑하게 된다.

- "만물의 마지막이 가까이 왔으니 그러므로 너희는 정신을 차리고 근신하여 기도하라 무엇보다도 뜨겁게 서로 사랑할지니 사랑은 허다한 죄를 덮느니라"(벧전 4:7, 8).

VI. 내세론 연구는, 신자들로 하여금 신앙을 굳게 지킬 필요를 느끼게 한다.

할 수만 있으면 믿는 자들까지도 넘어뜨려 가능한 한 많은 영혼들이 지옥으로 떨어뜨리려는 것이 사단의 음흉한 목적이라는 사실을 내세론은 알려 줌으로 신자들로 하여금 믿음에 굳게 서게 하는 자극제가 된다.

- "근신하라 깨어라 너희 대적 마귀가 우는 사자 같이 두루 다니며 삼킬 자를 찾나니 너희는 믿음을 굳건하게 하여 그를 대적하라 이는 세상에 있는 너희 형제들도 동일한 고난을 당하는 줄을 앎이라"(벧전 5:8, 9).
- "주를 향하여 이 소망을 가진 자마다 그의 깨끗하심과 같이 자기를 깨끗하게 하느니라"(요일 3:3).

제 2 절 내세론의 연구 방법

우리는 이미 기독교의 내세론은 인간의 상상이나 억측의 산물이 아니라 하나님의 특별계시인 성경의 예언을 유일한 자료로 하고 있음을 보았다.

그런데 성경의 예언을 토대로 하여 내세론을 연구함에 있어서는 다음과 같은 몇 가지 점이 착안되지 않으면 안 된다.

I. 신약에만 의존하지 말 것

헨드릭슨(William Hendriksen) 교수는 이 사실을 다음과 같이 말하고 있다.

"종말에 관한 문제를 논하는 데 있어서 많은 사람들은 구약은 거의 완전히 무시하는 것을 당연한 것처럼 생각하여 왔다.…물론 계시가 점진적으로 발전한다는 사실과 우리가 구약에서보다 신약에서 종말론에 관한 자료를 더 많이 모을 수 있으리라는 사실은 쉽게 인정되어야 한다. 그러나 신약과 마찬가지로 구약도 역시 미래에 발생될 일들을 우리에게 말해 주고 있다.…그 예로 다음과 같은 성구들이 있다. 시 16:8-11; 17:15; 49:14-15; 73:24; 욥 14:14; 19:25-27; 호 6:2; 13:14; 사 25-6-8; 26:19; 66:1-24."[5]

II. 구약 예언의 특성들을 고려할 것

헨드릭슨 교수는 구약 예언의 특성을 다음 두 가지로 지적하였다.

1. 예언의 원근법적 성격

구약은 마치 아주 멀리 떨어져 있는 두 개의 산을 보는 것처럼 미래 사건들을 본다. 가장 멀리 있는 산이 가장 가까이 있는 산보다 약간 더 높아서 그 둘을 다 볼 수 있다고 상상해 보자. 우리가 멀리서 그 산들을 바라볼 때는 그 산들이 마치 하나처럼 보이거나 아니면 멀리 있는 산이 가까

---

5) Ibid., pp. 30-31.

운 산의 바로 뒤에 있는 것처럼 보일 것이다. 그러나 우리가 실제로 앞에 있는 산에 가서 보면 뒤에 있는 그 산은 매우 거리가 멀리 떨어져 있음을 알게 될 것이다. 말라기 3:1, 2을 읽어 보라. 구약 선지자는 그리스도의 초림과 재림을 그것이 마치 하나의 사건인 것처럼 바라보고 있다. 동일한 사실이 미 4:1-4에서도 발견된다.

2. 이중적 성취

미가서 4:1-4은 상징적인 언어로 그리스도께서 이 땅에 초림하실 때 이루어질 상황을 묘사하고 있지만, 이것은 완전한 최종적 성취가 아니라는 사실도 분명하다. 그리스도께서 초림하실 때 가져다주시는 평화는 그가 재림하실 때 가져다주실, 즉 "이 나라와 저 나라가 다시는 칼을 들어 서로 치지 아니하며 다시는 전쟁을 연습치 아니하는" 가장 최종적인 영구적이고도 영광스런 평화의 상징이다.

우리는 이러한 구약 예언의 특성들을 고려하면서 내세론의 교리를 펼쳐 나가야 할 것이다.

《《연습문제》》

1. 내세론을 연구하는 의의는 어디에 있는가?

2. 내세론을 연구하는 방법은?

제 2 편 개인적 내세론

제 1 장 육체적 죽음
제 2 장 영생
제 3 장 중간기 상태

제 1 장 육체적 죽음

우리는 이미 인간론과 구약론에서 죽음에는 1) 영적 죽음, 2) 육체적 죽음, 3) 영원적 죽음의 세 가지가 있음을 보았다. 이 가운데 영적 죽음은 인간의 출생에서부터 시작되는 고로 인간론과 구원론에서 다루어지고 육체적 죽음은 개인의 생애에 있어서 그 끝에서 일어나는 것이고, 현세와 내세 사이의 경계선이라고 생각되는 고로 개인적 내세론(종말론)에서 다루어지며, 영원적 죽음은 이 세상을 떠난 후의 일인고로 일반적 내세론에서 다루어진다. 이제 육체적인 죽음에 대하여 다음과 같은 것들을 살펴보자.

제 1 절 육체적 죽음의 정의 및 필연성

I. 육체적 죽음의 정의 – 영육의 분리

1. 죽음의 기본적 개념 – 분리

성경은 죽음의 기본적인 개념을 '분리'의 개념으로 말하고 있다. 그리하여 위에서 말한 세 가지 죽음에 대하여 스트롱(A. H. Strong) 교수는 다음과 같이 정의하고 있다.

"육체적 죽음은 육체로부터의 영혼의 분리이다. 우리는 이 육체적인 죽음을 영적인 죽음, 곧 영혼이 하나님으로부터 분리되는 것과 구별한다. 그리고 둘째 사망, 곧 하나님으로부터 추방된 악인의 영과 육이 재결합된 최종적 비참 상태와도 구별한다."[6]

우리는 이 설명에서 죽음이란 모두가 '분리'의 개념으로 설명된다는 사실을 알게 된다. 즉 1) 육체적인 죽음은 인간의 영혼과 육체의 분리이며, 2) 영적인 죽음은 하나님과 인간 영혼의 분리이며, 3) 영원적 죽음, 곧 지옥의 둘 째 사망은 영육이 함께 하나님으로부터 영원히 분리되는 것임을 알 수 있다.

2. 육체적 죽음의 정의

위에서 본 대로 성경은 죽음을 분리의 개념으로 설명하고 있는바, 여러 신학자들의 정의를 보면 다음과 같다.

① 벌콥(Louis Berkhof)
"육체적 죽음은 육체와 영혼의 분리로 말미암은 육체적 생명의 종결이다. 육체적 죽음은 결코 멸절이 아니니…죽음은 존재의 소멸이 아니라 생의 자연적 관계들의 분리이다."[7]

② 에이 에이 하지(A. A. Hodge)
"육체적 죽음이란 육체와 영혼의 인격적 연합이 정지되어 육체는 그것의 화학적 원소들로 분해되고 영혼은 그것의 창조자이시며 재판자에 의하여 지정된 별도의 존재상태로 인도되는 것이다."[8]

---

6) A.H. Strong, *Systematic Theology* (Judson, 1976), p. 982.
7) Louis Berkhof, *Systematic Theology* (Eerdmans, 1974), pp. 668.
8) A.A. Hodge, *Outlines of Theology* (Zondervans, 1977), p. 548.

③ 로레인 뵈트너(Loraine Boettner)
"육체적인 죽음은 육체로부터 영혼이 분리됨을 말한다."9)

그러므로 육체적인 죽음을 한마디로 정의한다면 인간의 육체에서 영혼이 떠남으로 밀미암아 육체의 기능이 정지되는 것이라고 할 수 있다.

3. 성경적 근거

육체적 죽음이 영혼과 육체의 분리라는 사실은 다음과 같은 성구에서 알 수 있다.

- "흙은 여전히 땅으로 돌아가고 영은 그것을 주신 하나님께로 돌아가기 전에 기억하라"(전 12:7).
- "영혼 없는 몸이 죽은 것 같이 행함이 없는 믿음은 죽은 것이니라"(약 2:26).
- "예수께서 신 포도주를 받으신 후에 이르시되 다 이루었다 하시고 머리를 숙이니 영혼이 떠나가시니라"(요 19:30).
- "그들이 돌로 스데반을 치니 스데반이 부르짖어 이르되 주 예수여 내 영혼을 받으시옵소서 하고... 이 말을 하고 자니라(행 7:59, 60).
- "내가 그 둘 사이에 끼었으니 차라리 세상을 떠나서 그리스도와 함께 있는 것이 훨씬 더 좋은 일이라 그렇게 하고 싶으나 내가 육신으로 있는 것이 너희를 위하여 더 유익하리라"(빌 1:23, 24).

II. 육체적 죽음의 필연성

아담의 원죄를 가지고 이 세상에 태어난 인간에게 육체적 죽음은 필연

---

9) Loraine Boettner, *Immortality* (Eerdmans, 1956), p. 17.

적인 것이다. 이것은 현실에서 우리가 직접 목격하는 바이며 성경의 증언이기도 하다.

- "한번 죽는 것은 사람에게 정해진 것이요 그 후에는 심판이 있으리니"(히 9:27).
- "다 흙으로 말미암았으므로 다 흙으로 돌아가나니 다 한 곳으로 가거니와"(전 3:20).
- "너희 생명이 무엇이뇨 너희는 잠깐 보이다가 없어지는 안개니라"(약 4:14).
- "주께서 사람을 티끌로 돌아가게 하시고 말씀하시기를 너희 인생들은 돌아가라 하셨사오니…"(시 90:3)
- "주께서 그들을 홍수처럼 쓸어가시나이다 그들은 잠깐 자는 것 같으며 아침에 돋는 풀 같으니이다"(시 90:5).
- "그러므로 모든 육체는 풀과 같고 그 모든 영광은 풀의 꽃과 같으니 풀은 마르고 꽃은 떨어지되 오직 주의 말씀은 세세토록 있도다 하였으니 너희에게 전한 복음이 곧 이 말씀이니라"(벧전 1:24, 25).

그러므로 뵈트너(Loraine Boettner) 교수는 죽음의 필연성에 대하여 다음과 같이 말한다.

"죽음은 사람의 낯을 보지 않는다. 죽음은 어린 자나 늙은 자나 부자나 가난한 자나 또는 성인이나 악인을 가리지 않고 누구에게나 찾아오며, 또 때와 장소를 가리지 않고 언제 어디서든지 찾아 온다. 하나님이 부르시면 아무도 피할 수 없고 변명할 수도 없고 또 그 명령을 어길 수도 없다."[10]

---

10) *Ibid*., p. 9.

그러면 육체적 죽음이 모든 사람에게 찾아오는 원인은 무엇인가? 그 원인은 불신자와 성도의 경우에 각각 다르다. 이제 그 원인을 살펴보자.

제 2 절 불신자의 육체적 죽음의 원인

I. 육체적 죽음의 원인은 죄로 인한 형벌 때문이다.

인류에게 죽음이 찾아온 것은 인간의 범죄에 대하여 하나님께서 내리신 형벌에서 비롯되었다. 다시 말해서 육체적 죽음은 하나님께서 죄인들에게 내리신 여러 가지 형벌 가운데 하나로 주어졌다. 성경은 이 사실을 분명히 밝혀 주고 있다.

- "선악을 알게 하는 나무의 열매는 먹지 말라 네가 먹는 날에는 반드시 죽으리라"(창 2:17).
- "네가 흙으로 돌아갈 때까지 얼굴에 땀을 흘려야 먹을 것을 먹으리니 네가 그것에서 취함을 입었음이라 너는 흙이니 흙으로 돌아갈 것이니라 하시니라"(창 3:19).
- "곧 한 사람의 범죄를 인하여 많은 사람이 죽었은즉....한 사람의 범죄로 말미암아 사망이 그 한 사람을 통하여 왕 노릇 하였은즉"(롬 5:15, 17).
- "죄의 삯은 사망이요"(롬 6:23).
- "욕심이 잉태한즉 죄를 낳고 죄가 장성한즉 사망을 낳느니라"(약 1:15).

II. 육체적 죽음은 자연적인 것이 아니다.

1. 육체적 죽음이 자연적인 것이라는 주장

인간은 본래 죽는 존재로 창조되었는가? 인간이란 창조의 때부터 죽는 존재로 만들어졌는가? 그래서 육체적 죽음은 자연적인 것인가? 많은 사람들이 모든 사람에게 예외 없이 찾아오는 죽음을 바라보면서 인간은 그 육체적인 구조상 필연적으로 죽게 되어 있다고 주장한다. 이런 주장은 비단 불신 철학자들이나 과학자들에게서만 발견되는 것이 아니라 기독교 영역에서도 발견된다. 펠라기안파(Pelagians)와 소시니안파(Socinians)가 그 예이다. 이들의 주장을 벌콥(L. Berkhof) 교수는 다음과 같이 소개한다.

> "펠라기안파와 소시니안파는 가르치기를, 사람은 죽을 수밖에 없도록 창조되었으니 이는 인간이 죽음의 밥이 될 가능성이 있었다는 의미에서뿐만 아니라 아예 창조 때부터 사망의 법 아래에 있었으며 또 시간이 흐름에 따라 죽도록 되어 있다는 의미에서 그러하다는 것이다."11)

이들이 이런 주장을 하게 된 것은 원죄를 부정하다 보니 어린 아이들이 죽는 이유를 설명할 수 없게 되었기 때문이다. 즉 죽음이 사망의 원인이라면 그들이 주장하는바 원죄가 없는 어린이들은 왜 죽는지에 대한 질문에 대답할 길이 없으므로 죽음은 자연적인 것이라고 주장한 것이다.

2. 반박

1) 위에서 열거된 성구들을 통하여 우리는 육체적 죽음이 죄로 인한 형벌의 한 가지로 부여된 것임을 확신한다. 죽음은 결코 본래부터 있던 자연적인 것이 아니다.

2) 우리는 창세기 2:17을 재음미해 볼 필요가 있다. "선악을 알게 하는

---

11) Louis Berkhof, *Systematic Theology* (Eerdmans, 1974), pp. 669.

나무의 실과는 먹지 말라 네가 먹는 날에는 정녕 죽으리라 하시니라." 만일 인간이 본래부터 죽을 존재로 창조되었다면 이 말씀은 전혀 무의미한 것일 수밖에 없다. "먹는 날에는 정녕 죽으리라"는 말씀은 안 먹으면 안 죽으리라는 뜻이 필연적으로 내포되어 있는 것이다. 안 먹어도 죽는 존재에게 먹으면 죽으리라는 말이 성립될 수 없는 것이다. 인간은 창조 시에 영생의 가능성을 지닌 존재였음을 이 성구를 보면 인정하지 않을 수 없다.

3) 영적 생명의 유추에서

성경을 통하여 우리는 영적 생명을 가진 존재는 모두가 불사성을 지니고 있음을 알 수 있다. 하나님, 천사, 마귀, 인간은 영적 생명을 가진 존재이다. 이들은 모두가 죽어서 소멸되지 않는다. 마귀와 인간은 죄로 말미암아 지옥불에 던져지게 되었으나 그곳에서도 존재가 소멸되지 않는다. 그리고 범죄하지 아니한 천사들과 하나님에게는 죽음이 없다.

이런 사실들로 미루어 볼 때, 죽음은 죄로 말미암아 인간에게 찾아온 외래적인 것이요, 결코 인간의 존재 자체 안에 지니고 있는 자연적, 내재적인 것은 아니다.

제 3 절 성도의 육체적 죽음의 의미

I. 교리적 문제의 제기와 해결 방안의 모색

1. 교리적 문제의 제기

우리는 위에서 인간의 육체적 죽음이 범죄로 인한 형벌의 일종이라는 사실을 보았다. 그러나 우리가 구원론의 칭의 교리에서 본 바와 같이 성도는 이미 믿음으로 말미암아 형벌 곧 모든 정죄에서 벗어났다(롬 8:1 참조). 그렇다면 여기서 한 가지 문제가 생긴다. 육체적 죽음이 형벌의 일종이라면 모든 형벌에서 벗어난 성도가 왜 육체적 죽음을 당해야 되는가?

2. 해결 방안의 모색

이 문제에 대한 해답의 길은 구원론에서 이미 우리가 본 「성도가 받는 고난의 의미」[12])에서 암시가 되었다. 왜냐하면 성도의 육체적 죽음은 그곳에서 말하는 성도가 받는 고난의 일종이며 그 고난의 의미는 밝혀졌기 때문이다. 그러나 우리는 이곳에서 성도의 육체적 죽음의 의미를 따로 떼어서 좀더 구체적으로 생각해 보고자 한다.

II. 성도의 육체적 죽음의 다양한 의미

그러므로 이제 그리스도 예수 안에 있는 자에게는 결코 정죄함이 없는데(롬 8:1), 그 성도가 육체적 죽음을 당하는 이유는 무엇인가?

하나님께서 분명 믿음으로 의롭다 하심을 받은 성도들을 육체적 죽음 없이 에녹과 엘리야처럼 직접 천국으로 데려가셔도 그분의 공의에 하등 모순되지 않는다. 그럼에도 불구하고 외형적으로 불신자와 똑같이 성도들에게도 육체적 죽음을 허락하시는 데는 다음과 같은 다양한 의미와 목적이 있기 때문이다.

1. 징계의 의미

성도의 육체적 죽음은 결코 형벌은 아니다. 성도는 이미 정죄에서 벗어나 죄와 사망의 법에서 해방되었음을 성경은 분명히 선언하고 있다. "그러므로 이제 그리스도 예수 안에 있는 자에게는 결코 정죄함이 없나니 이는 그리스도 예수 안에 있는 생명의 성령의 법이 죄와 사망의 법에서 너를 해방하였음이라"(롬 8:1, 2).

그러나 성도들이 이미 신앙으로 말미암아 의롭다 함을 받고 그리스도 예수 안에 있으면서도 아직까지 완전 성화되지 못하였기 때문에 때로는 실수하고 넘어져 범죄의 자리에 떨어진다. 하나님께서는 그 자녀들을 사랑하

---

12) 하문호, 교의신학, 구원론(도서출판 그리심, 2001), p. 262.

시기에 그 범죄에서 돌이켜 회개하고 돌아오게 하시려고 징계하신다(잠 3:12; 히 12:5-13 참조). 성도의 육체적 죽음에는 이러한 징계로서의 의미가 담겨져 있다. 성도가 건강하고 편안하여 세상에 살 때에는 하나님을 멀리 하였다가도 육신이 연약하여지고 죽음이 눈앞에 이를 때에는 자신의 잘못된 생애를 회개하면서 하나님 앞에 나아가게 된다. 하나님께서는 그 죽음을 통하여 성도로 하여금 죄를 회개케 만들고 신앙을 더욱 간절하게 하며 소망을 오직 주님께만 두도록 그 영혼을 승화시키신다.

2. 연단으로서의 의미

우리는 이미 구원론에서 연단으로서의 고난이란 "법정적 정죄에서 벗어나기는 했으나 아직도 죄의 오염 가운데서 신앙상의 많은 불순물이 섞여 있는 성도의 심령을 불 같은 시련 속에 몰아 넣어 그 가운데에서 모든 불순물(불신앙적 요소)을 제거시켜서 보다 순수하고 참된 신앙을 갖게 하는 하나님의 역사"라고 하였다.[13]

성도의 육체적 죽음은 실로 이러한 연단으로서의 의미를 지니고 있다. 죽음이 시시각각으로 다가오는 것을 의식할 때, 성도는 하나님앞에 설 날을 생각하면서 숙연해질 수밖에 없으며 자신의 신앙 자세를 가다듬고 보다 성결된 마음으로 살기를 결심하게 된다. 이러한 사실에 대하여 뎁네(R. L. Dabney) 교수는 다음과 같이 말하였다.

"질병들은 죽음의 예고로서 성화의 활발한 방편이 된다. 친구들의 죽음으로 당하게 되는 마음의 상처는 연단적 고난의 또 하나의 방편이 된다. 죽음은 현실적으로 내다보이며 또 현실적으로 오고야 말 것이다. 그 종말이 접근하여 올 때, 성도는 의식적인 경우에 그 종말이 가까워 온다는 고통과 그것이 가져다주는 장엄한 사상들과 감정들을 맛보게 되는 것은 의심할 여지가 없으며, 성령께서는 이것들을

---

13) *Ibid.*, pp. 267-268.

유력한 성화의 방편들로 사용하셔서서 영혼을 하늘에 갈 수 있도록 신속히 성숙시키신다."14)

3. 자발적 고난으로서의 의미

자발적인 고난이란 이미 구원론에서 본 바와 같이 성도가 주님을 따르며 신앙 정절을 굳게 지키며 살아가려고 할 때 반드시 불신 세계에서 환란과 핍박을 받게 된다는 것을 말한다. 이 환란과 핍박의 최고 절정은 무엇인가? 그것은 곧 육체적 죽음이다. 다시 말해서 순교이다. 성도가 그 생애를 통하여 하나님께 충성하다가 그 마지막을 순교로 장식할 수 있다는 사실! 이는 얼마나 그 성도를 아름답게 옷입히는가!

그리스도께서는 이들에게 하늘에서 상급이 크다고 하셨다(마 5:10-12 참조). 그리스도의 이름을 전하다가 순교의 제물이 된 스데반 집사의 얼굴은 성령이 충만하였고(행 7:55 참조), 그 얼굴이 천사의 얼굴과 같이 빛났다(행 6:15 참조). 또 주님께서는 부활하신 후 디베랴 바닷가에서 베드로를 만나 "젊어서는 네가 스스로 띠 띠고 원하는 곳으로 다녔거니와 늙어서는 네 팔을 벌리리니 남이 네게 띠 띠우고 원치 아니하는 곳으로 데려가리라" (요 21:18)고 말씀하시어 베드로가 나중에 어떠한 죽음으로 하나님께 영광을 돌릴 것인가를 예언하셨다.

불신자에게는 저주요 형벌인 죽음을, 하나님께서는 전혀 다른 이와 같은 의미와 목적으로 성도들에게 적용시키심으로 말미암아 성도들에게 얼마나 큰 영적인 유익을 주며 하늘나라에 큰 상급을 예비케 하시는가! "깊도다 하나님의 지혜와 지식의 부요함이여 그의 판단은 측량치 못할 것이며 그의 길은 찾지 못할 것이로다"(롬 11:33).

4. 천국의 비밀성이 성부의 뜻이므로

하나님께서 피택자들에게 주신 구속 계시와 모든 영적 진리들은 "세상

---

14) R. L. Dabney, *Systematic and Polemic Theology* (St. Louis. 1878), p. 819.

이 자기 지혜로…알지 못하는"(고전 1:21) 것이며, "천국은 마치 밭에 감추인 보화와 같"(마 13:44)아서 그것을 발견한 사람 외에는 알 수 없는 것이 하나님의 뜻이요 섭리이다. 그러므로 우리가 받은 구원의 진리는 세상 사람들이 우리들의 외모만을 가지고 아무리 따져 보아도 증명되지 않는 것이다. 불신자에게 여러 가지 고난이 주어지는 것처럼 비록 의미는 다를지라도 신자에게도 똑같이 주어진다. 신자도 병들 수 있고 사고를 당할 수 있고 가난해질 수 있고 재난을 당할 수 있다. 그리고 마지막에는 불신자도 신자도 모두 죽는다. 이것은 세상 사람들에게 천국의 진리가 감추어진 비밀이기 때문이다. 만일 신자는 어떤 고난도 받지 않으며 죽음을 당하지 않고 직접 하늘나라로 들어간다면 이 세상에 예수 그리스도를 믿지 않을 자가 어디 있겠는가?

> "천지의 주재이신 아버지여 이것을 지혜롭고 슬기있는 자들에게는 숨기시고 어린아이들에게는 나타내심을 감사하나이다 옳소이다 이렇게 된 것이 아버지의 뜻이니이다"(마 11:25, 26).

제 4 절 죽음에 대한 성도의 자세

I. 성경의 교훈과 사도들의 예

- "또 내가 들으니 하늘에서 음성이 나서 이르되 기록하라 지금 이후로 주 안에서 죽는 자들은 복이 있도다 하시매 성령이 이르시되 그러하다 그들이 수고를 그치고 쉬리니 이는 그들의 행한 일이 따름이라 하시더라"(계 14:13).

- "내가 그 둘 사이에 끼었으니 차라리 세상을 떠나서 그리스도와 함께 있는 것이 훨씬 더 좋은 일이라 그렇게 하고 싶으나"(빌 1:23).

- "그러므로 우리가 항상 담대하여 몸으로 있을 때에는 주와 따로 있는

줄을 아노니 이는 우리가 믿음으로 행하고 보는 것으로 행하지 아니함이로라 우리가 담대하여 원하는 바는 차라리 몸을 떠나 주와 함께 있는 그것이라"(고후 5:6-8).

- "이는 내게 사는 것이 그리스도니 죽는 것도 유익함이라"(빌 1:21).
- "만일 땅에 있는 우리의 장막 집이 무너지면 하나님께서 지으신 집 곧 손으로 지은 것이 아니요 하늘에 있는 영원한 집이 우리에게 있는 줄 아느니라"(고후 5:1).
- "전제와 같이 내가 벌써 부어지고 나의 떠날 시각이 가까웠도다 나는 선한 싸움을 싸우고 나의 달려갈 길을 마치고 믿음을 지켰으니 이제 후로는 나를 위하여 의의 면류관이 예비되었으므로 주 곧 의로우신 재판장이 그 날에 내게 주실 것이며 내게만 아니라 주의 나타나심을 사모하는 모든 자에게도니라"(딤후 4:6-8).
- "그의 경건한 자들의 죽음은 여호와께서 보시기에 귀중한 것이로다"(시 116:15).

II. 이 성구들에서 얻는 교훈

위에 예시된 성도의 죽음에 대한 성구들과 사도들의 태도에서 성도의 죽음에 대하여 취해야 할 자세로 다음과 같은 것을 말할 수 있다.

1. 이 세상에 대하여 - 절망하지 말 것

불신자들에게 있어서 죽음은 한마디로 절망 그 자체일 수밖에 없다. 일평생을 두고 무엇을 먹을까, 마실까, 입을까 하는 현세의 것들에만 소망을 두고 살던 그들에게 죽음은 그 모든 소망이 완전히 깨져 버리는 사건이기 때문이다. 그러므로 그들은 죽음 앞에서 절망하며 슬퍼하게 된다. 그러나 하나님의 성도들은 이 땅의 썩어질 것들에 소망을 둔 자가 아니다. 오히려 사도 바울의 말과 같이 우리의 장막 집이 무너지면 하나님께서 지으신 집 곧 손으로 지은 것이 아니요 하늘에 있는 영원한 집이 우리에게 있는 줄 알며(고후 5:1 참조), 의의 면류관이 예비된 것을 바라보기 때문에(딤후 4:7 참조), 절망이 아니라 벅찬 희망을 가지게 된다. 그러므로 성도들은 소망이 없는 불신자들과 같이 죽음을 절망과 슬픔으로 생각할 필요가 없다.

- "형제들아 자는 자들에 관하여는 너희가 알지 못함을 우리가 원하지 아니하노니 이는 소망 없는 다른 이와 같이 슬퍼하지 않게 하려 함이라"(살전 4:13).

2. 내세에 대하여 – 무서워하지 말 것

불신자들에게 죽음은 이 세상의 소망이 끊어지는 사건일 뿐만 아니라 무서운 불지옥에 들어가는 관문이기 때문에 죽음 앞에서 공포에 떨 수 밖에 없다. 그러나 하나님의 성도들에게 있어서 죽음은 곧 무거운 십자가를 벗고 애통하는 것이나 곡하는 것이나 아픈 것이 다시 있지 아니한(계 :21:4 참조) 하늘 나라에 들어가는 관문이요 의의 면류관(딤후 4:7 참조)과 생명의 면류관(계 2:10 참조)을 받아 쓰는 길이기 때문에 공포 대신 기쁨과 감격을 가져다주는 일이다. 따라서 성도는 죽음 앞에서 무서워하지 말아야 것이다.

3. 남은 생애에 대하여 – 사명 위하여 달음질할 것

우리 모든 성도들은 자신을 정결케 하여 주님께서 주신 복음을 전파할 사명을 가지고 있다. 그런데 이 사명은 죽음의 때에 끝난다. 그 후에는 이 사명에 충실하지 못한 것을 후회해도 소용없다. 그런데 우리는 언제 우리에게 죽음이 찾아올는지 모르는 삶을 살고 있다. 따라서 우리는 세월을 아껴서(엡 5:16 참조) 달려갈 길을, 앉아 있지 말고 걸어가지 말고 달려가야 한다(딤후 4:7 참조). 사도 바울은 죽음 앞에서도 오히려 복음 전파의 사명감에 더욱 불탔다. "오직 성령이 각 성에서 내게 증언하여 결박과 환난이 나를 기다린다 하시나 내가 달려갈 길과 주 예수께 받은 사명 곧 하나님의 은혜의 복음을 증언하는 일을 마치려 함에는 나의 생명조차 조금도 귀한 것으로 여기지 아니하노라"(행 20:23, 24).

4. 죽음 자체에 대하여 – 축복으로 오인하지 말 것

우리는 위에서 성도는 죽음 앞에서 슬퍼하거나 무서워할 필요가 없다는 사실을 보았다. 왜냐하면 그 죽음 건너편에는 영생과 상급이 기다리고 있기 때문이다. 그러나 우리는 죽음 자체가 축복이라고 말해서는 안 된다. 그리스도 안에 있는 자들에게 죽음은 형벌이 아니라 할지라도 죽음 자체는 본래 인간의 범죄의 결과인 형벌의 일종으로 온 것이기 때문에 그것은 인간의 원수가 아닐 수 없다.

- "그가 모든 원수를 그 발 아래에 둘 때까지 반드시 왕 노릇 하시리니 맨 나중에 멸망 받을 원수는 사망이니라"(고전 15:25, 26).

그러므로 뵈트너(Loraine Boettner) 교수는 다음과 같이 말한다.

- "죽음은 그 원수, 사단의 산물이기 때문에 원수이다…죽음은 악의 세력에 의하여 하나님의 창조에 들어온 침입자이며 하나님의 성질에 절대적으로 반대되는 성질의 것이다."15)

따라서 하늘나라에 영광된 소망을 가지고 있는 성도들일지라도 사랑하는 친족과 친구의 죽음에 임하여 비록 그리스도의 재림 때까지 일시적이기는 하지만 그 육신이 썩어짐의 종노릇(롬 8:21 참조)할 것을 생각하며, 또 이 땅에서는 다시 그 얼굴을 대하지 못할 것이라는 석별의 정 때문에 슬픔을 금할 수 없는 것이다. 그러므로 요셉은 아버지 야곱의 죽음 때문에 "크게 호곡하고 애통하며…칠 일 동안 애곡하였"(창 50:10, 11)고, 이스라엘

---

15) Loraine Boettner, *Immortality* (Eerdmans, 1956), p. 27.

백성의 지도자 모세가 죽었을 때 "이스라엘 자손이 모압 평지에서 모세를 위하여 애곡하는 기간이 끝나도록 모세를 위하여 삼십 일을 애곡"(신 34:8)하였으며, 예수님께서도 죽은 나사로를 보시고 눈물을 흘리셨다. "이르시되 그를 어디 두었느냐 이르되 주여 와서 보옵소서 하니 예수께서 눈물을 흘리시더라"(요 11:34, 35).

이런 사실을 생각할 때 성도들이 상을 당한 가정에 가서 취할 자세는 무엇인가?

1) 함께 슬픔을 나눌 것
성도들은 먼저 상을 당한 유가족들과 함께 위에서 말한 슬픔을 나누어야 한다. "즐거워하는 자들로 함께 즐거워하고 우는 자들로 함께 울라"(롬 12:15).

2) 성경 말씀으로 위로할 것
성도들은 상을 당한 유가족들에게 하늘나라의 영생과 상급, 그리고 마지막날의 부활에 관한 성경 말씀을 가지고 위로해야 한다.

"형제들아 자는 자들에 관하여는 너희가 알지 못함을 우리가 원하지 아니하노니 이는 소망 없는 다른 이와 같이 슬퍼하지 않게 하려 함이라... 구름 속으로 끌어 올려 공중에서 주를 영접하게 하시리니 그리하여 우리가 항상 주와 함께 있으리라 그러므로 이러한 말로 서로 위로하라"(살전 4:13-18).

5. 시체에 대하여 – 매장과 화장의 문제

성도의 시분을 매장할 것인가 화장할 것인가 하는 문제가 있다 이에 대하여 필자는 뵈트너 교수의 이론을 전적으로 찬성하면서 그의 설명에 소제목을 붙여서 간추려 여기에 소개하고자 한다.[16]

1) 부활 여부의 문제는 아니다.

죽은 자의 몸을 처리하는 옳은 방법은 무엇인가? 결국에 이 처리 방법이 그렇게 중요한 문제가 아니라는 결론에 이를 것이다. 우리는 부활에 있어서 땅 속에 매장된 자나 불 속에 연소된 자, 맹수의 밥이 된 자나 바다에 빠져 죽은 자 사이에 어떤 차이가 있을 것이라고 믿지 않는다. 신앙을 지키다가 화형을 당하여 그 몸이 재가 되어 바람에 날려 흩어진 순교자들도 부활의 날에 다시 일어날 것이며 매장된 다른 사람들보다 조금도 덜 영광스럽지 않을 것이라는 사실은 확실하다. 하나님의 능력에는 제한이 없다. 처음에 흙으로 사람의 몸을 지으신 하나님은 어떤 수단에 의하여 분해된 몸이라 할지라도 다시 회복시킬 수 있다. 몸을 구성하는 원소의 동일성은 부활에 있어서 본질적인 것이 아니다. 바다에 수장된 항해자도 비싼 재료로 방부 처리를 하여 가족의 정원에 매장된 자와 똑같이 부활할 것이다.

2) 그러나 부활할 몸의 보존 문제이다.

그러나 위와 같은 사실은 매장을 하든 화장을 하든 상관이 없다는 것을 뜻하지 않는다. 정상적인 상황 하에서 우리가 죽은 자의 몸을 안식 혹은 수면의 자세로 땅 속에 안장하고 잔디를 그 위에 입혀 가능한 대로 잘 보존하는 일은 우리가 사랑하는 그 사람의 몸에 대한 보다 큰 존경의 표시가 될 것이다. 그 몸은 그의 영혼과 똑같이 참으로 또 영원히 그 사람의 일부분이며 그 몸의 부활은 그의 구원에 없어서는 안 될 부분인 것이다. 우리는 사랑하는 이의 영혼이 내주하던 그 몸을, 비록 그 영혼이 떠나간 몸일지라도, 그것을 취하여 불 속에 던져 참혹한 파괴를 당하게 하는 것을 태연하게 볼 수 없는 것이다. 만일 우리가 고인이 사용하던 성경책이나 의류나 기타 어떤 유물에 기념적 가치를 인정하여 귀하게 여긴다면 하물며 그와 가장 친밀하게 연합되었던 그의 몸은 얼마나 더 존귀하게 취급해야 하겠는가!

3) 성경에서 불사름은 저주의 상징이다.

화장은 그것이 아무리 정교한 방법으로 거행되더라도 참혹한 파괴의 관

---

16) *Ibid.*, pp. 50-55.

념을 지니고 있다.

　성경에서 불은 죄 때문에 받는, 치료 방법이 없는 완전한 저주와 파괴의 전형 또는 상징이다. 희생제에 있어서 동물은 인간의 죄를 짊어지고 저주 아래에 놓인 것으로 간주되었기 때문에 제단 위에서 불살라진 것이다. 어떤 경우에 죄수들의 시체들은 불사름으로써 그들의 죄의 중대함과 형벌의 준엄함을 나타내었다. 하나님께서 금지하신 '저주받은 물건'을 취함으로 말미암아 이스라엘에 패전을 가져오게 한 아간에 대하여 우리는 다음과 같은 성구를 읽게 된다 : "여호수아가 이르되 네가 어찌하여 우리를 괴롭게 하였느냐 여호와께서 오늘 너를 괴롭게 하시리라 하니 온 이스라엘이 그를 돌로 치고 물건들도 돌로 치고 불사르고 그 위에 돌 무더기를 크게 쌓았더니 오늘까지 있더라 여호와께서 그의 맹렬한 진노를 그치시니 그러므로 그곳 이름을 오늘까지 아골 골짜기라 부르더라"(수 7:25, 26).

　4) 사울 왕의 화장은 전시 비상조치이다.
　또 다른 경우에 우리는 성경에서 이와 비슷한 예로 사울 왕의 화장을 본다. 그는 하나님께 불순종하다가 블레셋군과의 전쟁에서 패배하고 부끄러운 죽음, 실제로는 자살로 죽게 되었다. 그의 세 아들이 그와 함께 죽었으며 이스라엘 군인들은 도망하였다. 블레셋 사람들은 사울 왕의 머리를 베고 그 갑옷을 벗겨 자기들의 신당에 걸어 놓고 그의 시체는 벧산 성벽에 못 박았다. 우리는 다음과 같은 성구를 읽게 된다 : "그의 갑옷은 아스다롯의 집에 두고 그의 시체는 벧산 성벽에 못 박으매 길르앗 야베스 주민들이 블레셋 사람들이 사울에게 행한 일을 듣고 모든 장사들이 일어나 밤새도록 달려가서 사울의 시체와 그의 아들들의 시체를 벧산 성벽에서 내려 가지고 야베스에 돌아가서 거기서 불사르고 그의 뼈를 가져다가 야베스 에셀 나무 아래에 장사하고 칠 일 동안 금식하였더라"(삼상 31:10-13).

　성경 저자는 사울 왕에게 취해졌던 절차가 비정상적이고 급박한 상황 하에서 이루어진 비상조치임을 보여 주고 있다. 어떤 주경 학자는 다음과 같이 말한다. "이것은 히브리인의 풍습이 아니었다. 이 화장은 더 큰 모욕을 당할지도 모르는 모든 위험을 막기 위하여 취하여진 비상조치였을 것이다…매장은 죽은 자들을 안치시키는 히브리인들의 통상적인 양식이었다"

(Jamieson, Fausset and Brown).

5) 정상적인 상황에서 이루어진 성경의 모든 신앙 인물들의 장사는 매장이었다.

하나님이 모세의 시체를 처리함에 있어서 지시하신 방법을 우리는 주목해야 할 것이다. 우리는 다음과 같은 성구를 읽게 된다 : "이에 여호와의 종 모세가 여호와의 말씀대로 모압 땅에서 죽어 벧브올 맞은편 모압 땅에 있는 골짜기에 장사되었고 오늘까지 그 묘를 아는 자 없으니라"(신 34:5, 6). 이와 같이 하나님의 방법은 매장이었고 화장이 아니었다.

아브라함은 그의 사랑하는 아내 사라를 안장하기 위하여 동굴을 샀으며 야곱은 레아와 라헬을 매장하였다. 아브라함과 이삭과 야곱과 요셉과 다윗과 솔로몬 등은 모두가 매장되었다.

신약에 이르러서도 동일한 교훈이 계속된다. 우리는 특별히 예수님의 장사를 그 예로 들 수 있다. 그의 몸은 값비싼 향료가 정성스럽게 발라지고 정한 세마포에 싸여 무덤에 안치되었다. 예수님의 몸이 화장되지 않고 매장되었다는 신적인 관례는 모든 그리스도인들에게 권위있는 모범이 되어야 할 것이다. 그리스도인들은 매장을 위하여 이 사실 이외의 다른 근거를 찾을 필요가 없다. 세례 요한의 시체도 장사되었고 신약에 기록을 남긴 모든 다른 성도들도 그렇게 되었다.

6) 화장은 이방인과 부활을 부정하는 자들의 관습과 주장이다.

시체를 불사르는 일은 헬라와 로마의 풍속이었으며 또한 오늘날 이것을 옹호하는 자들은 거의 대부분이 육체의 문자적인 부활을 잘 믿지 않거나 전혀 믿지 않는 종교적 자유주의자들이거나 인본주의자들이다.

7) 교회사의 전통도 매장이었다.

콜럼비아 신학교 교수인 로빈슨(Wm. C. Robinson) 박사는 이 문제에 관하여 말하기를 "기독교인들은 유대인의 풍속을 따라 죽은 자의 시체들을 씻고 세마포로 싸고 혹은 향유를 뿌리고 그 다음에는 성직자들과 친척들과 친우들 앞에서 기도와 시편의 노래로 찬송하면서 부활의 씨앗인 그 시체를 땅의 품속에 맡기었다. 일반적으로 그 매장들은 네모나게 반듯이 판 묘실 안에 이루어졌다"고 하였다(박형룡, 교의신학, 내세론, p.77 재인용).

이상에서 본바 여러 가지 이유로 우리는 성도의 시체를 매장하는 것이 합당한 일이며 화장은 비성경적이고 비윤리적인 것이라고 결론지을 수 밖에 없다.

《〈연습문제〉》

1. 육체적 죽음을 정의하라.

2. 육체적 죽음의 필연성을 말하라.

3. 불신자의 육체적 죽음의 원인은 무엇인가?

4. 육체적 죽음이 자연적인 것이라는 주장에 반박을 한다면?

5. 성도의 육체적 죽음에서 제기되는 교리적 문제에 대한 해답을 한마디로 말한다면?

6. 성도의 육체적 죽음의 다양한 의미는 무엇인가?

7. 죽음에 대해 성도들이 갖추어야 할 자세는 무엇인가?

8. 시체 매장과 화장의 문제를 약술하라.

제 2 장 영생

제 1 절 용어의 다양한 의미

인간이 죽으면 그 존재가 소멸되는지 아니면 영생하는지의 문제는 종교인들뿐만 아니라 모든 사람들의 궁극적인 관심사가 아닐 수 없다. 본 장에서 우리는 이 문제에 대하여 특별계시인 성경을 바탕으로 확실한 해답을 제시하고자 한다. 그러나 먼저 영생이라는 용어의 의미부터 정립하는 것이 필요하다. 왜냐하면 이 용어가 성경에서 여러 가지 의미로 사용되었기 때문이다. 그 다양한 의미를 종합해서 정리하면 다음 네 가지로 말할 수 있다.

I. 절대적 의미의 영생

절대적 의미의 영생이란 하나님의 영생을 가리키는 말이다. 사도 바울은 "오직 그에게만 죽지 아니함이 있다"(딤전 6:16)고 하여 이러한 절대적 의미의 영생을 말하였다. 사도 바울의 이 말은 천사들이나 인간들의 영생을 부정하는 말이 아니라 하나님의 영생은 그러한 피조물들의 영생과 판이한 것으로 독특한 의미에 있어서 영생하시는 분임을 지적한 것이라고 하겠다. 피조물들의 영생과 하나님의 영생의 다른점은 전자는 피조물로서 그 시작이 있는 반면에 후자는 시작도 끝도 없는 영생이며 전자는 하나님으로부터 부여받은 영생이지만 후자는 스스로 가지고 계신 영생이라는 점이다. 그러므로 하나님의 영생은 절대적 의미의 영생이라고 말하게 된다.

II. 상대적 의미의 영생

하나님의 영생을 절대적 의미의 영생이라고 한다면 피조물들, 즉 천사, 마귀, 인간들의 영생은 상대적 의미의 영생이라고 할 수 있다. 그 이유는 이미 위에서 밝혀졌다. 그런데 상대적 의미의 영생은 다시 다음과 같은 세 가지 의미로 사용되었다.

1. 원시적 의미의 영생

이것은 타락하기 이전에 아담이 가지고 있었던 영생을 의미한다. 앞에서 설명한 대로[17] 아담은 죽지 않는 존재, 즉 영생의 가능성을 지닌 존재로 창조되었다. 그러나 그의 영생은 범죄로 말미암아 상실될 가능성을 지닌 영생이었다. 따라서 아담의 영생은 성도들이 그리스도 예수 안에서 얻게 될 영생과 구분되어야 한다. 왜냐하면 그리스도 안에서 얻게 되는 성도들의 영생은 타락의 가능성이 없는 영생이기 때문이다. 그러므로 타락 후에 그리스도의 구속으로 말미암아 얻게 되는 영생과 구분하여 아담이 가졌던 영생은 원시적 의미의 영생이라고 할 수 있다.

2. 넓은 의미의 영생

영생이라는 말이 넓은 의미로 쓰일 때, 그것은 그 생명체가 소멸되지 않다는 것을 가리키게 된다. 예를 들면, 사단과 그의 졸개들 및 불신자들의 마지막 운명은 지옥불에 떨어지는 것인데 그들은 그곳에서 생명이 소멸되어 존재 자체가 없어지는 것이 아니라 그곳에 계속 존재하여 영원토록 고

---

17) 본서, 제2편 제2절 II 참조

통을 당한다는 것이 성경의 교훈이다. "또 저희를 미혹하는 마귀가 불과 유황 못에 던지우니 거기는 그 짐승과 거짓 선지자도 있어 세세토록 밤낮 괴로움을 받으리라"(계 20:10). 이와 같이 영생이란 말은 단순히 그 존재가 소멸되지 않는 것을 가리키는 경우도 있는데 이것이 곧 넓은 의미의 영생이다. 이런 의미에서 죽음과 동시에 존재가 소멸되는 다른 동물들과 영적 존재인 피조물이 구분되는 것이다.

3. 좁은 의미의 영생

좁은 의미의 영생이란 지극히 행복한 상태에서의 영원한 삶을 뜻한다. 이러한 의미의 영생은 특별히 죄인들의 구원에서 얻어지는 영생을 가리키는 말로 사용된다. 이것이 원시적 의미의 영생과 다른 점은 다시 타락함으로 상실될 가능성이 없다는 것이며 넓은 의미의 영생과 다른 점은 존재의 단순한 계속이 아니라 지극히 복된 삶의 연속이라는 점이다. 다음과 같은 성구에서 영생이란 말은 이런 좁은 의미에서 사용된 것이다.

- "하나님이 세상을 이처럼 사랑하사 독생자를 주셨으니 이는 그를 믿는 자마다 멸망하지 않고 영생을 얻게 하려 하심이라"(요 3:16).
- "아들을 믿는 자에게는 영생이 있고 아들에게 순종하지 아니하는 자는 영생을 보지 못하고 도리어 하나님의 진노가 그 위에 머물러 있느니라"(요 3:36).
- "내가 진실로 진실로 너희에게 이르노니 내 말을 듣고 또 나 보내신 이를 믿는 자는 영생을 얻었고 심판에 이르지 아니하나니 사망에서 생명으로 옮겼느니라"(요 5:24).
- "사람이 무엇으로 심든지 그대로 거두리라....성령을 위하여 심는 자는 성령으로부터 영생을 거두리라"(갈 6:7, 8).

제 2 절 영생에 대한 성경적 증거

우리는 위에서 영생이라는 말이 여러 가지 의미로 사용된다는 사실을 보았다. 사람이 죽으면 그 후에 존재가 계속될 것인가, 계속된다면 어떤 상태로 계속될 것인가하는 인류 공동의 관심사와 관련된 영생의 의미는 넓은 의미의 영생과 좁은 의미의 영생일 것이다. 즉 인간은 죽은 후에 소멸되지 않고 계속 존재할 것인지, 그리고 죽은 후에 지극히 행복한 하늘나라에 영원한 삶의 길이 있을 것인지 하는 문제이다.

이 질문에 대하여 많은 철학자들과 이방 종교는 애매 모호하고 막연한 이론과 교리로 긍정적인 대답을 하고 있으나 그것은 어디까지나 타락한 인간의 마음에서 나온 상상과 억측에 지나지 않는다. 오직 하나님의 특별계시인 성경만이 이 문제에 대한 정확한 대답을 우리에게 주고 있다. 이런 의미에서 뵈트너 교수는 말하기를 "인간의 사후 영혼의 상태에 관하여 믿을 수 있는 유일한 정보는 성경에서만 발견된다. 철학자들이 헤아릴 수 없고 철학자들이 설명할 수 없는 그 정보를 하나님께서는 그의 말씀 속에서 계시하셨다"[18)고 하였다.

이제 뵈트너 교수가 제시한 바에 따라 영생에 대한 성경적 근거를 보면 다음과 같다.

I. 구약의 증거

1. 에녹의 증거

우리는 창세기 5:24에서 "에녹이 하나님과 동행하더니 하나님이 그를 데려 가시므로 세상에 있지 아니하였더라"는 말씀을 보며 또 히브리서 11:5

---

18) Loraine Boettner, *Immortality* (Eerdmans, 1956), p. 78.

에서 "믿음으로 에녹은 죽음을 보지 않고 옮기웠으니 하나님이 저를 옮기심으로 다시 보이지 아니하니라"는 말씀을 본다.

2. 아브라함과 이삭과 야곱의 증거

구약의 가장 친숙한 표현 가운데 하나로 우리는 "자기 열조에게로 돌아가니라"라는 말을 본다. 아브라함(창 15:15; 25:8 참조), 이삭(창 35:29 참조), 야곱(창 49:33 참조)등의 경우를 살펴보라.

3. 욥의 증거

욥은 질문을 던진다. "사람이 죽으면 어찌 다시 살리이까"(욥 14:14). 그리고 그는 이 질문에 대하여 확신을 가지고 스스로 단언한다. "내가 알기에는 나의 대속자가 살아 계시니 마침내 그가 땅 위에 서실 것이라 내 가죽이 벗김을 당한 뒤에도 내가 육체 밖에서 하나님을 보리라"(욥 19:25, 26).

4. 다윗의 증거

이스라엘의 명 시인 다윗은 영생을 믿어 말하기를 "이는 내 영혼을 음부에 버리지 아니하시며 주의 거룩한 자로 썩지 않게 하실 것임이니이다"(시 16:10)라고 하였다. 그리고 베드로 사도는 이 말씀을 그리스도의 부활에 적용시켜서 "미리 보는 고로 그리스도의 부활하심을 말하되"(행 2:31)라고 하였다. 다윗은 또한 말하기를 "주께서 내 영혼을 스올에 버리지 아니하시며 주의 거룩한 자를 멸망시키지 않으실 것임이니이다"(시 16:11)라고 하였으며 "나는 의로운 중에 주의 얼굴을 뵈오리니 깰 때에 주의 형상으로 만족하리이다"(시 17:15)라고 하였다. 그리고 시편 23편에서는 영생을 가르쳤고 사망의 음침한 골짜기로 다닐지라도 주께서 함께 하심으로 해를 두려워하지 않을 것이라고 말하고 있다. 그리고 그는 "내가 여호와의 집에 영원히 거하리로다"라고 확신있게 말하고 있다.

다윗이 그의 죽은 아들을 보고자 하는 소망이 다음 성구에 나타나 있다. "지금은 죽었으니 내가 어찌 금식하랴 내가 다시 돌아오게 할 수 있느냐 나는 그에게로 가려니와 그는 내게로 돌아오지 아니하리라 하니라"(삼하 12:23).

5. 솔로몬의 증거

솔로몬은 영생을 믿었다. 그러므로 그는 다음과 같이 말하였다. "하나님이 모든 것을 지으시되 때를 따라 아름답게 하셨고 또 사람들에게는 영원을 사모하는 마음을 주셨느니라"(전 3:11). 그리도 또다시 기록하였다. "흙은 여전히 땅으로 돌아가고 영은 그것을 주신 하나님께로 돌아가기 전에 기억하라"(전 12:7).

6. 선지자들의 증거

영생은 선지서에서 매우 분명하게 가르쳐졌다. 이사야 선지자는 말했다. "주의 죽은 자들은 살아나고 2)그들의 시체들은 일어나리이다 티끌에 누운 자들아 너희는 깨어 노래하라 주의 이슬은 빛난 이슬이니 땅이 죽은 자들을 내놓으리로다"(사 26:19).

다니엘 선지자는 말했다. "땅의 티끌 가운데에서 자는 자 중에서 많은 사람이 깨어나 영생을 받는 자도 있겠고 수치를 당하여서 영원히 부끄러움을 당할 자도 있을 것이며 지혜 있는 자는 궁창의 빛과 같이 빛날 것이요 많은 사람을 옳은 데로 돌아오게 한 자는 별과 같이 영원토록 빛나리라"(단 12:2, 3). 그리고 호세아 선지자는 말했다. "내가 그들을 스올의 권세에서 속량하며 사망에서 구속하리니 사망아 네 재앙이 어디 있느냐 스올아 네 멸망이 어디 있느냐 뉘우침이 내 눈 앞에서 숨으리라"(호 13:14).

II. 신약의 증거

1. 그리스도의 증거

영생의 교리는 구약에서도 분명하게 펼쳐졌지만 그 계시는 신약에서 완전히 나타났다. 실로 신약에서 영생교리는 거의 매 페이지마다 나타난다. 예수님은 영생을 믿는 자들에게 오셨다. 오직 한 무리, 즉 그 당시의 물질적 회의론자이었던 사두개인들만이 영생을 믿지 않았다(마 22:23 참조). 그리스도의 구속사역은 바로 이 목적을 위하여 이루어졌다. 그분의 생애에 있어서 모든 활동은 여기에 기초를 두었다. 주님은 이 세상에서 사셨던 것과 똑같이 영생의 나라에 사셨으며 그 분에게는 그 세상의 삶이 이 세상의 삶만큼 실제적인 것이었다. 따라서 영생에 대한 주님의 가르치심은 구약 시대의 교훈보다 훨씬 더 충만하고 발전된 것이었기 때문에 사도 바울은 다음과 같이 말할 수 있었다 :

"이제는 우리 구주 그리스도 예수의 나타나심으로 말미암아 나타났으니 그는 사망을 폐하시고 복음으로써 생명과 썩지 아니할 것을 드러내신지라" (딤후 1:10).

"예수께서 이르시되 나는 부활이요 생명이니 나를 믿는 자는 죽어도 살겠고 무릇 살아서 나를 믿는 자는 영원히 죽지 아니하리니 이것을 네가 믿느냐 "(요 11:25, 26).

신약의 대표적인 다른 성구들은 다음과 같다.

- "또 증거는 이것이니 하나님이 우리에게 영생을 주신 것과 이 생명이 그의 아들 안에 있는 그것이니라 아들이 있는 자에게는 생명이 있고 하나님의 아들이 없는 자에게는 생명이 없느니라"(요일 5:11, 12).
- "몸은 죽여도 영혼은 능히 죽이지 못하는 자들을 두려워하지 말고 오직 몸과 영혼을 능히 지옥에 멸하실 수 있는 이를 두려워하라"(마 10:28).
- "이를 놀랍게 여기지 말라 무덤 속에 있는 자가 다 그의 음성을 들을 때가 오나니 선한 일을 행한 자는 생명의 부활로, 악한 일을 행한 자는 심판의 부활로 나오리라"(요 5:28, 29).
- "하나님이 세상을 이처럼 사랑하사 독생자를 주셨으니 이는 그를 믿

는 자마다 멸망하지 않고 영생을 얻게 하려 하심이라"(요 3:16).
- "내 아버지 집에 거할 곳이 많도다.... 너희를 내게로 영접하여 나 있는 곳에 너희도 있게 하리라"(요 14:2, 3).

영생의 모든 증거들 가운데 가장 강력하고 결정적인 증거는 그리스도의 부활이다. 이것은 무덤을 깨뜨린 생명의 결정적 증거가 될 수 있다. "18 곧 살아 있는 자라 내가 전에 죽었었노라 볼지어다 이제 세세토록 살아 있어 사망과 음부의 열쇠를 가졌노니"(계 1:18).

주님은 영생의 진리를 가르치셨다. 그리고 나서 주님은 그의 부활로 무덤을 깨뜨린 생명을 실제로 보여 주셨다. 1942년 이전에 많은 사람들은 대서양 건너편에 대륙이 있을 것이라고 생각했다. 그러나 그 생각이 그 사람들 속에만 있을 때에는 별로 가치가 없었다. 콜럼버스가 그 바다를 건너 새로운 세계를 실제적으로 방문하여 보여준 결과 전혀 새로운 증거를 얻게 되었다. 이와 마찬가지로 그리스도께서는 자기의 부활에 의하여 죽음 후에 생명이 계속된다는 가장 확고한 증거를 보여 주셨다. 인류 역사의 초기에서부터 많은 사상가들은 또 다른 생명이 있을 것이라는 말을 해 왔다. 심지어는 이교도들 사이에서도 이러한 영생에 관한 희망이 종교적, 실제적인 여러 형태로 표현되어 왔다.

유명한 철학자 소크라테스와 플라톤도 그들의 입술로 영생을 바라면서 죽어갔다. 구약의 선지자들은 이 영생을 아주 분명하게 선언했다. 그러나 그리스도께서 죽으시고 무덤 저 건너편으로부터 실제로 다시 돌아오심으로 말미암아 세상은 그들의 소망을 사실에 기초한 증거 위에 갖게 되었다.

2. 사도 바울의 증거

사도 바울의 영생에 대한 교훈은 두말할 것도 없이 그리스도의 교훈과 완전한 조화를 이룬다.

- "생각건대 현재의 고난은 장차 우리에게 나타날 영광과 족히 비교할

수 없도다"(롬 8:18).

- "우리가 잠시 받는 환난의 경한 것이 지극히 크고 영원한 영광의 중한 것을 우리에게 이루게 함이니 우리가 주목하는 것은 보이는 것이 아니요 보이지 않는 것이니 보이는 것은 잠깐이요 보이지 않는 것은 영원함이라"(고후 4:17, 18).

- "나는 선한 싸움을 싸우고 나의 달려갈 길을 마치고 믿음을 지켰으니 이제 후로는 나를 위하여 의의 면류관이 예비되었으므로 주 곧 의로우신 재판장이 그 날에 내게 주실 것이며 내게만 아니라 주의 나타나심을 사모하는 모든 자에게도니라"(딤후 4:7, 8).

사도 바울은 고후 5:1에서 우리의 육체를 죽음에서 떠나게 되는 장막 집으로 비유하고 있다.

- "만일 땅에 있는 우리의 장막 집이 무너지면 하나님께서 지으신 집 곧 손으로 지은 것이 아니요 하늘에 있는 영원한 집이 우리에게 있는 줄 아느니라"

3. 히브리서 기자의 증거

히브리서 기자는 아브라함이 하나님께 그의 소망의 핵심이라고 할 수 있는 독자 이삭을 바치도록 명령을 받았을 때 이 신앙을 가졌었다고 말한다. "믿음으로 그가 이방의 땅에 있는 것 같이 약속의 땅에 거류하여 동일한 약속을 유업으로 함께 받은 이삭 및 야곱과 더불어 장막에 거하였으니"(히 11:19).

성경은 인간이 불멸의 영혼을 가지고 있다는 사실과 그 인간은 영원토록 살 것이라는 사실을 한결같이 가르치고 있다.

제3절 영생에 대한 반대 주장 및 대체 개념들

인간이 사후에도 영생할 것이라는 사실에 대하여 반대하는 주장과 성경과는 다른 개념으로 그 영생의 의미를 대체시키는 주장들이 있다. 이런 것들을 살펴보는 것은 성경의 영생 개념을 확실히 하기 위하여 필요한 것이다. 벌콥(L. Berkhof) 교수는 다음과 같은 요지로 그 내용을 소개하고 있다.[19]

I. 반대 주장 - 유물론

영혼 불멸에 대한 사상은 한때 유물주의 철학의 영향 하에 쇠퇴하였었다. 영혼 불멸을 반대하는 유물주의의 주장은 주로 생리적 심리학에서 날조되어 다음과 같은 주장을 했다. "정신이나 영혼은 독립적인 실존을 가지고 있지 않다. 다만 두뇌 활동의 소산물 내지는 기능에 불과하다. 간장이 담즙의 산출 원인이 된다. 그 기능은 기관이 쇠퇴하면 지속될 수 없다. 두뇌가 활동을 중지할 때, 정신 생명의 흐름도 멈추게 된다."

II. 대체 개념들

인간의 영생에 대한 염원은 성경이 말하는 것과 다른 개념으로 영생을 말하고 있다. 그 개념들을 살펴보면 다음과 같다.

1. 종족적 영생

이것은 인간이 그 몸에서 출생되는 자녀들을 통하여 무궁한 세대에까지 지속할 것이므로 인간은 그 종족을 통하여 영생한다는 주장이다.

2. 기념적 영생

실증주의자들은 우리가 추구해야 할 유일한 영생은 바로 기념적 영생이

---

19) Louis Berkhof, *Systematic Theology* (Eerdmans, 1974), pp. 676, 677.

라고 한다. 즉 사람마다 그 이름이 역사에 길이 남을 만한 일을 목표로 해야 하며 그리하여 그 업적이 후대 사람들의 마음 속에 감사함으로 기념되게 되면 그들의 마음속에 그 사람이 영생하는 것이라는 주장이다.

3. 감화적 영생

이 개념은 기념적 영생과 매우 밀접하다. 만일 어떤 사람이 그 생애에 어떤 목표를 세워 영구적인 가치를 지닌 어떤 일을 성취한다면 그의 감화력은 그가 죽은 후에도 오랫동안 지속될 것이다. 예수와 바울, 어거스틴과 토마스 아퀴나스, 루터와 칼빈 같은 사람들은 모두가 한가지로 현재까지 그들이 수행한 영향력 가운데 살아 있다.

III. 비판

1. 유물론의 주장이 잘못되었다는 것은 비판의 여지조차 없다. 우주는 물질 뿐이며 하나님이 없다는 무실론 철학은 아예 출발점부터 잘못되었으니 그들이 무슨 소린들 못하겠는가!

2. 종족적 영생이나 기념적 영생 그리고 감화적 영생이란 영생을 사모하는 인간의 염원이 영적 무지로 말미암아 자위 수단으로 고안한 대체물에 불과하다.

후손은 '나'가 아니다. 나는 지옥에 가고 후손은 천국에 갈 수도 있고 또 그 반대일 수도 있다. 또 인간의 마음 속에 기념되거나 감화력으로 남아 있다는 것도 결코 그 기념이나 감화력이 그 사람의 영혼이나 생명일 수 없다. 우리는 여기서 성령으로 거듭나서 특별계시인 성경의 진리를 알지 못하면 인간들이 얼마나 어리석고 무지한 말밖에 할 수 없는가를 통감하게 된다.

《《연습문제》》

1. 영생의 용어의 다양한 의미는 무엇인가?

2. 영생에 대한 성경적 증거를 밝히라.

3. 영생에 대한 반대 주장은 무엇인가?

4. 인간의 영생에 대한 대체 개념들을 말하라.

5. 위 3, 4번 답에 대한 비판을 가하라.

제 3 장 중간기 상태

제 1 절 중간기 상태의 개념과 제기되는 문제들

I. 중간기 상태의 개념

우리가 지금 여기서 다루고자 하는 중간기 상태란 무엇인가? 뵈트너(Loraine Boettner) 교수는 중간기 상태를 다음과 같이 정의하였다.

"중간기 상태란 죽음과 부활 사이에 영혼이 존재하는 영역 또는 상태를 말한다."[20]

훅스마(Herman Hoeksema) 교수는 다음과 같이 정의하였다.

"중간기 상태란 의인이든 악인이든, 신자이든 불신자이든 간에 현세의 육체적 죽음 이후 마지막 부활의 때까지 그 영혼의 상태를 의미한다."[21]

박형룡 박사는 다음과 같이 정의하였다.

"중간기 상태란 영혼이 사망과 부활의 사이에 존재하는 상태 혹은 정경

---

20) Loraine Boettner, *Immortality* (Eerdmans, 1956), p. 91.
21) Herman Hoeksema, *Reformed Dogmatics* (Grand Rapids, 1976), p. 746.

을 의미한다.[22]

이상의 정의에서 확실히 알 수 있는 바와 같이 지금 우리가 연구하고자 하는 중간기 상태란 인간이 이 땅에 살다가 죽으면 부활의 때 곧 그리스도의 재림의 날까지 그 사람의 영혼이 어디에서 어떤 상태로 있을 것인가 하는 문제이다.

II. 제기되는 문제들

사후로부터 부활에 이르기까지 그 영혼이 어디에서 어떤 상태로 있을 것인가? 여기서 파생되는 세 가지 질문이 있으니 그것은 다음과 같다.

1) 그 기간에 인간의 영혼은 어떤 장소에 가 있는가?

이 질문에 대한 대답을 얻기 위하여 우리는 제2절에서 중간기 처소에 대한 교리적인 고찰을 하고, 제3절에서 로마교회의 중간기 처소관을 살펴보고, 제4절에서는 음부를 중간기 처소로 보는 잘못된 견해를 살펴보고, 제5절에서는 중간기 처소에 대한 올바른 성경적 견해가 무엇인가를 알아 보고자 한다.

2) 그 장소에서 인간의 영혼은 의식을 갖고 있는가?

이 문제는 제6절에서 사후 영혼의 의식 상태에서 다루어질 것이다.

3) 그 기간에 인간의 영혼은 어떤 종류의 활동을 하는 것인가?

이 문제는 제 7절 사후 영혼의 활동 상태에서 다루어질 것이다.

제 2절 중간기 처소에 대한 교리사적인 고찰

I. 교리의 발생 동기

---

[22] 박형룡, 교의신학, 내세론(은성문화사, 1974), p. 120.

초대교회의 출발점에서는 중간기 상태에 관한 문제가 일어나지 않았다. 이것이 문제가 된 것은 부활 승천하신 그리스도께서 즉시로 돌아오시지 않을 것이 현저해진 때부터이다. 이 상황에서 초대 교부들이 처음에 당면한 난제는 사람이 죽을 때 받는 개인적 심판과 그리스도의 재림 때 받는 일반적 심판을 어떻게 조화시키느냐 하는 것이었다. 만일 전자의 심판을 중요시하면 후자의 심판이 무의미하여질 것이요 후자의 심판을 중요시하면 전자의 심판이 무의미하여질 것이다.

이 문제를 해결하기 위하여 초대 교부들 가운데 많은 사람들이 사망과 부활 사이에 중간기 상태를 추상하게 되었다. 즉 개인이 죽을 때 예비적 심판을 받아 중간적 상태에 있다가 그리스도의 재림 때에 최후 심판을 받아 최후 상태에 들어가는 것으로 추상하게 되었다. 그러나 또 한편으로 의인의 영혼은 직접 천국에 들어간다는 주장이 있어 서로 대립되었다.

II. 교부들의 주장 내용

중간기 처소와 그 상태에 관하여 교부들에게서 어떤 주장들이 있었는가를 벌콥 교수는 다음과 같이 설명하고 있다.

> "속사도 교부들은 아직 중간 상태에 대해서는 생각하지 못하였다. 당시의 일반적인 견해에 의하면 경건한 사람은 죽는 즉시로 이미 그들을 위하여 예비된 하늘의 영광을 상속받으나, 악인은 죽음과 동시에 지옥의 형벌을 받게 된다고 하였다. 그러나 교부들은, 그리스도께서 재림할 것이 아니라는 것이 분명해지자, 죽음과 부활의 중간에 한 상태가 있다는 것을 생각하기 시작했다. 그 최초의 사람이 저스틴(Justin) 이었는데, 그는 '경건한 사람의 영혼은 가장 좋은 곳에서, 불의하고 악한 자들의 영혼은 가장 나쁜 곳에서 심판의 날을 기다리고 있다' 고 말하였다. 그는 '인간이 죽으면 그들의 영혼이 천국으로 간다'고 말하는 사람들을 이단으로 정죄하였다.
> 이레네우스, 터툴리안, 힐라리, 암브로스, 시릴, 심지어는 어거스틴

(Irenaeus, Tertullian, Hilary, Ambrose, Cyril, and even Augustine) 과 같은 후대 교부들의 일반적인 견해에 의하면, 죽은 사람은 음부 (hades)로 내려가서 거기서(음부는 여러 부분으로 나누어져 있다) 심판날까지, 혹은 어거스틴의 말대로 하면 그들이 충분히 정화될 때까지 남아 있다는 것이다. 어느 정도 그리스도의 재림이 먼거리에 있는 사건이라는 것이 분명해지자, 음부가 단순히 죽은 자들의 일시적인 거처라는 관념을 유지해 가기가 점점 어렵게 되었다. 그러나 터툴리안은, 예외로 순교자들에게는 죽음과 함께 영광이 주어진다고 말하였다. 그리스도가 음부로 내려가셨다는 것은 선조(先祖) 림보(limbus patrum)로부터 구약의 성도들을 구출하기 위해서였다고 해석되었다. 그리고 선행의 공로를 높이 평가하는 교리가 우세하게 되자, 열심히 선행을 이룬 사람은 죽는 즉시 천국에 들어갈 수 있는 자격을 갖는다고 가르쳤다. 음부에는 점점 의인의 수가 적어진다고 하였다. 그리하여 마지막에는 악인들만 남아 있게 되는데, 이곳은 형벌의 장소, 때로는 지옥(gehenna)이라고 불리기 시작했다. 오리겐은, 그리스도께서 모든 전 시대의 의인들을 음부로부터 낙원으로 옮겨 오셨기 때문에, 그 때부터 낙원은 세상을 떠난 모든 성도들의 거처가 되었다고 명백히 가르쳤다.

많은 그리스도인이 죽을 때 천국에 들어갈 수 있을 만큼 충분히 성화되지 못하였다는 생각과 관련해서, 그들은 죽음 저편에서 정화의 과정을 거쳐야 한다는 확신이 점점 성행하였다. 초대 교부들은 정화하는 불에 대하여 이미 말한 바 있는데, 그들 중 더러는 그것이 낙원에 있다고 하였고, 어떤 이들은 그것을 최후의 대재앙이라고 말하였다. 그들은 그것을 항상 문자 그대로 실재의 불이라고 생각한 것이 아니라, 자주 극적 시련이나 영적 훈련으로 생각하였다. 오리겐(Origen)은 지옥과 함께 음부와 세상 끝날에 있을 최후의 대재앙을 정화의 불이라고 보았다. 후기의 희랍교부들과 라틴교부들 중의 어떤 이들, 즉 갑바도기아의 세신학자, 암브로스, 에프라임, 어거스틴(Ambrose, Aphraem, Augustine), 그리고 몇몇 사람들은 중간 상태에 연옥의 불이 있다고 생각하였다."[23]

이와 같이 교부들은 인간의 영혼이 중간기에 가게 될 처소로 천국과 지옥 이외의 다른 장소를 상상하게 되었으며 이런 사상은 중세기를 거치는 동안에 로마교회의 중간기 처소 교리의 씨앗이 되었다.

제3절 로마교회의 중간기 처소관과 비판

I. 로마 교회의 중간기 처소관

로마교회는 중간기에 인간의 영혼들이 가는 처소로 ① 천국 ② 지옥 ③ 연옥 ④ 선조(先祖) 림보 ⑤ 유아(幼兒) 림보의 다섯 가지를 말한다.

이곳들에 각각 어떤 자들이 들어가며 그곳은 각각 어떤 곳인가? 그들의 주장 내용을 살펴보면 다음과 같다.[24]

1. 천국

영세를 받아 신자가 된 후에 그리스도인으로서 많은 선행과 공로를 쌓고 완전한 상태에 도달한 자들은 죽음과 동시에 그 영혼이 즉각적으로 천국에 간다.

2. 지옥

영세를 받지 못하고 죽은 모든 성인들과 영세를 받았어도 '치명적인 죄'[25]를 지음으로 영세 때 받은 은혜를 잃어버리고 교회에 화목되지 못한

---

23) Louis Berkhof, *The History of Christian Doctrine*(Baker, 1976), pp. 259, 260.
24) Louis Berkhof, *Systematic Theology*(Eerdmans, 1974), pp. 686, 687.
25) 로마교회는 치명적인 죄(mortal sin)와 경죄(輕罪, venial sin)를 구별한다. 치명적인 죄는 하나님의 율법과 교회의 법령을 고의로 침해하는 죄이다. 이 죄가 치명적이라

채 죽은 성인들은 죽음과 동시에 그 영혼이 즉각적으로 지옥에 간다.

3. 연옥

벌콥 교수는 로마교회의 연옥 교리를 다음과 같은 요지로 소개하고 있다.

1) 들어가는 자 - 보통 신자들

이곳에는 영세받은 신자들 가운데 완전한 상태에 도달하지 못하였으나 반면에 영세 때에 받은 은혜를 완전히 상실하지 아니하여 교회로 더불어 화목된 가운데 죽은 자들이 들어가는 곳이다. 대부분의 신자들은 이런 신앙상태로 죽어 연옥에 간다.

2) 들어가는 목적 - 정화 및 준비

이들은 아직 천국에 들어가기에 부적합한 요소들을 지니고 있으므로 그런 불순한 요소로부터 정화시켜 천국에 들어가도록 준비케 하는 것을 목적으로 한다.

3) 상태 - 고통

이곳에서 영혼은 하나님을 보는 행복에서 제외된 사실로부터 오는 고통과 영혼을 아프게 하는 적극적인 고통을 당한다. 그 형벌의 도구는 불이다. "연옥의 고통은 심히 혹독하여 현세에 당한 어떤 고통보다 더하다" (Bellarmin).

4) 체류기간 - 불확정

그들이 연옥에 머무는 기간은 미리 결정될 수 없다. 그 기간이나 그들이 받는 고통의 정도는 여전히 필요로 하는 정화의 정도에 따라 변화한다. 그 기간은 지상에 있는 신실한 자들이 드리는 기도나 선행, 특히 미사의 제

함은 그 죄로 성화의 은총을 전적으로 박탈당하여 영혼이 죽임을 당하기 때문이다. 경죄는 하나님과 교회의 법령에 대한 경미하고 용서받을 만한 침해이다(L. Boettner, *Roman Catholicism*, p. 218).

사에 의하여 단축될 수 있다. 어떤 사람은 마지막 심판의 때까지 머물러 있을 수도 있다. 교황은 연옥을 관할할 수 있다고 추정된다. 교황은 연옥의 고통을 경감 내지는 종결시키는 특권을 가지고 있다.

4. 선조 림보(The Limbus patrum)

1) 용어의 의미 – 가장자리

라틴어 '림부스'(Limbus)는 '가장자리', '연변'이라는 뜻이다. 즉 지옥의 가장자리에 위치한 처소라는 사실을 나타내기 위하여 이 낱말이 사용되었다. 그런 처소로 선조 림보와 유아 림보가 있다는 것이다.

2) 들어가는 자 – 구약 시대의 성도

이곳은 구약 시대 성도들의 영혼이 그리스도의 부활 때까지 기다리며 머문 장소이다. 그리스도께서는 십자가에서 죽으신 후에 이 선조 림보로 내려가셔서 그들을 임시적 구금에서 해방시켜 천국으로 당당하게 끌어올리셨다고 추측된다.

3) 다른 명칭 – 의인들이 거주하는 하데스(Hades), 낙원, 아브라함의 품.

로마교회는 선조 림보에 관련된 '하데스'(aˆ,dhß, 음부) 교리를 갖고 있다. 즉 그들에 의하면 음부는 두 가지 처소를 지시하는데 첫째는 악인이 거하는 음부이며, 둘째는 의인이 거하는 음부이다. 이 가운데 의인이 거하는 음부가 곧 선조림보라는 것이다. 그리고 이 선조림보가 유대인들에게는 '아브라함의 품'(눅 16:23), '낙원'(눅 23:43)으로 알려졌다고 한다.

그러므로 결국 이 주장대로 하면 그리스도의 부활 이전에는 천국의 문은 아무에게도 열려 있지 않았다.

5. 유아 림보(The Limbus Infantum)

1) 들어가는 자 – 영세받지 못하고 죽은 유아

불신자의 자녀이든 신자의 자녀이든 영세받지 못하고 죽은 유아들의 영혼은 천국에 못가므로(요 3:5 참조) 이곳으로 간다.

2) 상태 - 중간 상태

이곳에서 유아들이 어떤 상태로 지낼 것인가에 대하여 의견이 통일되어 있지 않으나, 지배적인 견해는 극심한 형벌을 받지 않고 단순히 천국의 축복에서 제외되는 것뿐이라는 것이다. 그리하여 그들은 자기들의 자연적인 권능들을 사용함으로써 하나님을 알고 사랑하며 또한 자연적인 행복을 충분히 누린다는 것이다.

3) 기간 - 영원

이들은 구원받을 아무런 희망 없이 영원히 이 장소에 머물게 된다고 한다.

II. 비판

우리는 지금까지 로마교회의 중간기 처소에 관한 주장 내용을 살펴보았다. 이제 이들의 잘못을 개별적으로 비판하고자 한다.

1. 연옥 교리에 대한 비판

저자는 이 교리에 대한 비판으로서 헨드릭슨(William Hendriksen)의 비판[26]을 요약 소개하고자 한다.

1) 성경의 근거가 없다.

로마교회의 기븐스(Gibbons) 추기경은 연옥 교리의 근거로 마카비 2서 12장 43-45절을 제시한다. 그러나 바로 그 구절까지도 그들의 교리를 증명해 주고 있지 않다. 왜냐하면 그 구절은 그들이 말하는바 경죄(venial sin)가 아니라 우상숭배라는 치명적인 죄(mortal sin)를 범하고 죽은 군인들을 위한 기도에 관하여 언급하고 있기 때문이다.

---

26) William Hendriksen. 오성종역, 내세론(새순출판사, 1979), pp. 118-121.

또 그들은 마태복음 12:32에서 용서받지 못할 죄를 근거로 제시한다. 그러나 이 성구도 연옥 교리에 아무 근거가 될 수 없다. 왜냐하면 이 성구는 오는 세상에서도 **용서받지 못한다**고 하였기 때문이다. 그리고 더구나 이 성구에서 오는 세상을 중간기를 말함이 아니고 그리스도의 재림 이후의 오는 세상을 뜻하기 때문이다.

또 그들은 고린도전서 3:12-15에 의지하여 공력에 의한 구원을 말하면서 "공력이 불타면 해를 받으리니 그러나 자기는 구원을 얻되 불 가운데서 얻은 것 같으리라"는 말에 호소한다. 그러나 여기서 말하는 불은 로마교회의 주장과 같이 그들의 영혼을 정화시키는 문자적인 불 곧 연옥의 불이 아니다. 이 말씀은 신앙으로 구원을 얻되 신앙의 열매가 적으면 그만큼 징계와 연단으로서의 고난이 많을 것을 가리킨 것이다. 그리고 분명한 사실은 "불 가운데서 구원을 얻으리라"고 말한 것이 아니라 "불 가운데서 얻은것 같으리라"고 하였으니 이것은 연옥의 불이 될 수 없다.

다른 로마 교회 신학자들은 이 교리에 대한 근거를 이사야 4:4; 미 7:8, 스가랴 9:11, 말라기 3:2, 3, 마태복음 5:22, 25, 26 그리고 계시록 21:27 등에서 찾아보려고 시도해 왔다. 그러나 이 구절들은 조금만 살펴 보아도 그것들이 연옥 교리와 아무런 관계가 없음을 쉽게 알 수 있다.

2) 전체 교리 체계에 모순되는 순전한 이단설이다

① 연옥 교리는 건전한 신론과 인간론에 모순된다.

성경은 어디에서나 인간은 자기 스스로를 구원할 수 없으며(롬 3:21-27: 7:14-25; 8:3 참조), 근본적으로 구원은 하나님의 역사라는(시 32:1, 2 ; 롬 7:24, 25; 엡 2:8-10; 딛 3:4-7; 벧전 1:19 참조) 사실을 강조하고 있는데 반하여, 연옥설은 강조점을 하나님에게서 인간에게로 옮겨 놓는다. 로마교회의 가르침에 따르면, 어느 정도까지는 죄 값을 지불하고 자기 죄에 상당하는 일시적인 형벌을 견디며 구원을 얻는 것은 분명히 인간이다. 사실 이 이론에 의하면, 어떤 사람들은 이 세상에서 자신의 몫 이상으로 선한 공로를 세울 수 있다. 이들의 여분의 공덕은 연옥에 있는 영혼들에게 돌려진다. 이러한 교리야말로 인간의 타락의 깊이를 헤아리는 데 완전히 실패하고 있으며 하나님의 영광을 빼앗아다가 인간에게 돌리는 교리라고 할 수 밖에 없다(롬 11:36 참조).

② 연옥설은 (그리스도에 관한 성경상의 교리인) 건전한 기독론과 충돌한다.

성경에 의하면 예수께서 다 지불하셨다. 자기 백성을 위하여 자신을 희생의 제물로 드림으로써(히 9:26 참조) 영원한 구속(히 9:12 참조)을 이루신 분이 예수님이시다. 더 나아가서 그가 거룩하게 된 자들을 영원히 온전케 하신 것은 그의 한(one)제물로써 하신 것이다(히 10:14 참조). 그의 아들 예수 그리스도의 피가 우리를 모든 죄에서 깨끗하게 하신다(요일 1:7 ; 히 5:9; 계 1:5 참조). 이러한 성경의 교훈은 로마 카톨릭의 연옥설을 인정할 만한 여지를 전혀 남겨두지 않는다.

③ 연옥설은 (구원에 관한 성경상의 교리인) 건전한 구원론과 충돌한다.
성경에 의하면 인간은 어떤 의미로든 자기 자신의 공로로써가 아니라 그리스도의 공로를 믿는 믿음으로 말미암아 의롭게 하심을 얻는다(롬 5:1 참조). 인간은 우화적인 연옥의 불로써가 아니라 성령에 의하여 거룩하게 된다(살후 2:13 참조).

④ 연옥설은 (교회와 성례 전에 관한 성경상의 교리인) 건전한 교회론과 충돌한다.

바울이 에베소서 5:25-27에서 묘사하고 있는 교회 – 티나 주름잡힌 것이나 이런 것들이 없이 거룩하고 흠이 없는교회 – 와 너무 돈에만 관심을 쏟고 있다는 인상을 많은 사람들에게 남겨주는 하나의 제도 사이에 얼마나 큰 대조를 볼 수 있는가!

⑤ 연옥설은 (종말의 여러 사실들에 관한 성경상의 교리인) 건전한 종말론과 충돌한다.

성경에 의하면 악인들을 위해서는 지옥이 있으며 하나님의 자녀들을 위해서는 천국이 있다. 그러나 연옥은 없다(단 12:2; 마 7:13, 14; 7:24-27;

25:1-13, 31-46; 살후 1:8-10; 계 20:11-15; 22:14, 15 참조).

2. 선조 림보 교리에 대한 비판

1) 근거 없는 명칭

요한 칼빈은 다음과 같은 요지로 선조 림보 교리에 있어서 그 용어 자체부터가 근거없는 것임을 밝히고 있다.[27]

이 교리를 뒷받침하기 위하여 로마교회는 "저가 놋문을 깨뜨리시며 쇠빗장을 꺾으셨음이로다"(시 107:16)라는 말씀과 "내가 너의 갇힌 자들을 물 없는 구덩이에서 놓았나니"(슥 9:11)라고 한 스가랴 선지의 말을 인용하고 있으나 그것은 잘못이다. 여기서 시편 기자는 먼 나라에 가서 포로로 고생하는 자들의 해방을 예언하고 있으며, 스가랴도 백성들이 빠져 있던 바벨론에서의 재난을 물 없는 구덩이로 묘사한 것뿐이다. '물 없는 구덩이'를 후대 사람들이 어떻게 지하의 동굴로 상상하고 '림보'라는 이름을 주었는지 알 수 없다.

2) 근거 없는 교리

로마교회는 베드로전서 3:18-20을 이 교리의 중요한 성경적 근거로 삼는다. 즉 "저가 또한 영으로 옥에 있는 영들에게 전파하셨는데" 그 옥에 있는 영들을 "전에 노아의 날"의 사람들이라는 것이다. 그러나 이런 주장은 다음과 같은 두 가지 모순을 낳게 된다.

① 선조 림보 교리 자체와 모순된다.

선조 림보 교리에 의하면 선조 림보는 구약시대의 성도들이 들어가는 곳이라고 하였는데 위의 성구에서는 "노아의 날 방주 예비할 동안 하나님이 오래 참고 기다리실 때에 순종치 아니하던자들이라"고 하였다. 순종치 아니하던 자들이 어떻게 성도가 될 수 있는가?

② 본문의 뜻과 모순된다.

---

27) John Calvin, *Institutes of the Christian Religion*, BK. II ch. 16. V 9.

본문 19절은 통상적으로 다음과 같이 해석된다.

"저가(그리스도가) 또한 영으로 (지금) 옥(지옥)에 있는 영들에게(노아 시대에) 전파하시니라"

베드로 사도는 이 말씀을 통하여 그리스도의 복음이 비단 이 세대에서 뿐만 아니라 구약의 노아 시대에도 전파되었음을 알리고자 한 것이며, 아울러 그 때에 많은 사람들이 불순종하여 지옥에 떨어지고 구원받은 자는 심히 적었으니 우리도 그런 불순종의 사람이 되지 말자는 교훈을 하려는 것이다. 이렇게 볼 때 선조 림보 교리는 전혀 성경적 근거를 가지지 못한다는 사실을 알 수 있다.

3. 유아 림보 교리에 대한 비판

1) 로마 교회 신학자들의 상상의 산물이다.
유아림보 교리는 로마교회가 종교회의에서 결정한 교리가 아니다. 이 사실에 대하여 박형룡 박사는 다음과 같이 말한다.

"리온스(Lyons)와 플로렌스(Florence)의 세계적 회의의 결정들과 트렌트(Trient) 회의(1536년)의 교헌들은 세례받지 못한 영아들의 영혼들은 구원 얻지 못한다는 것을 적극적으로 선언하였다. 그러나 로마교회는 그런 영아들은 구원얻지 못한다고 선언하였을 뿐이고 그들의 형벌의 성질을 정의하지 아니한 고로 신학자들의 사상이 자유로 움직일 만한 여지가 있게 되었다."[28]

이와 같이 유아들이 영세를 받지 못하면 천국에 들어갈 수 없다고 못박아 놓고 보니 자범죄가 없는 그들을 지옥에 간다고 하기에는 너무 잔인한 일로 생각되어 만들어 낸 제3의 장소가 유아 림보이다.

---

28) 박형룡, 교의신학, 내세론(은성문화사, 1974), pp. 147-148.

2) 성경에 근거가 없다.

헨드릭슨 교수는 한 마디로 잘라서 "성경은 또한 아무데서도 유아림보의 존재를 가르치고 있지 않다"고 하였다.29)

3) 세례중생설의 오류에서 나온 산물

유아림보 교리는 결국 "물과 성령으로 거듭 나"(요 3:5)는 것이라고 할 때 '물'을 세례로 해석하여, 세례받지 못하면 천국에 들어갈 수 없다고 한 세례중생설의 오류에서부터 나오게 되었다.

이 교리에 관하여는 이미 구원론에서 설명하였으므로 반복하지 않는다. 이와 같이 교리는 하나가 잘못되면 꼬리에 꼬리를 물고 잘못되게 마련이다. 이미 구원론에서 지적하였듯이 어떤 아이들의 구원은 결과적으로 하나님의 선택에 맡길 수밖에 없다. 즉 피택자라면 천국에 갈 것이며 불신자라면 원죄로 인하여 지옥에 갈 것이다. 세례가 결코 천국에 들어가는 필수 조건이 될 수 없다. 이런 의미에서 헨드릭슨 교수도 말하기를 "성경은 아무데서도 세례 의식을 빠뜨린 것에 대하여 그와 같은 중대한 의미를 돌리고 있지 않다"고 하였다.30)

제 4 절 중간기 처소로서의 음부관과 비판

교리사적인 면에서 볼 때, 성경에 자주 사용된 용어인 '음부'는 많은 오해를 받아 왔다. 특히 이 용어는 우리가 지금 여기서 다루고 있는 중간기 처소로 잘못 주장되기도 하였다. 이제 그 내용들을 살펴보고 '음부'라는 성경 용어의 정확한 개념을 밝힘으로써 잘못된 중간기 처소관을 시정하고자 한다.

---

29) William Hendriksen, 오성종 역, 내세론(새순출판사, 1979), p. 133.
30) Ibid., p. 133.

I. 용어의 고찰

우선 '음부'라는 단어가 원어 성경에 무엇으로 쓰였는가부터 알아보자.

1. 구약 성경에서 – 스올(שְׁאוֹל)

이 '스올'의 어원인 동사 '사알'(שָׁאַל)은 '요구하다(ask)', '청구하다(inquire of)', '심문하다(interrogate)'라는 뜻을 가지고 있다. 따라서 이 단어는 "무덤은 달라고 달라고 부르짖는다"(grave crieth give, give)라는 영어의 격언을 연상케 한다.

그리고 '스올'의 뜻을 히브리어 렉시콘(Lexicon)에서 찾아보면 1) 무덤(grave) 2) 세상 떠난 영혼들의 거처(the abode of the departed souls)라고 되어 있다.

2. 신약 성경에서 – 하데스(ἄδης)

이 단어는 헬라어 렉시콘(Lexicon)에서 뜻을 찾아 보면 1) 죽은 자들의 보이지 않는 거처 또는 집(the invisible abode or mansion of the dead) 2) 형벌의 장소(the place of punishment) 3) 지옥(hell) 4) 최저의 장소 또는 상태(the lowest place or condition)라고 되어 있다.

II. 이 용어가 사용된 성구들

'스올(음부)'에 대한 교리적인 문제를 다루기에 앞서서 먼저 이 용어가 사용된 성구들을 몇몇 열거해 보는 것이 이해에 도움이 될 것이다.

1. 구약 성경에서

• "만일 너희가 가는 길에서 재난이 그에게 미치면 너희가 내 흰 머리를

슬퍼하며 **스올**로 내려가게 함이 되리라"(창 42:38). - 이하 개역개정

- "사망 중에서는 주를 기억하는 일이 없사오니 **스올**에서 주께 감사할 자 누구리이까"(시 6:5).

- "...네가 장차 들어갈 **스올**에는 일도 없고 계획도 없고 지식도 없고 지혜도 없음이니라"(전 9:10).

- "**스올**의 줄이 나를 두르고 사망의 올무가 내게 이르렀도다"(삼하 22:6).

- "무릇 나의 영혼에는 재난이 가득하며 나의 생명은 **스올**에 가까웠사오니"(시 88:3).

- "악인들이 **스올**로 돌아감이여 하나님을 잊어버린 모든 이방 나라들이 그리하리로다"(시 9:17).

- "...사랑은 죽음 같이 강하고 질투는 **스올** 같이 잔인하며 불길 같이 일어나니 그 기세가 여호와의 불과 같으니라"(아 8:6).

2. 신약 성경에서

- "가버나움아 네가 하늘에까지 높아지겠느냐 **음부**에까지 낮아지리라"(마 11:23).

- "내가 이 반석 위에 내 교회를 세우리니 **음부**의 권세가 이기지 못하리라"(마 16:18).

- "그가 **음부**에서 고통중에 눈을 들어 멀리 아브라함과 그의 품에 있는 나사로를 보고"(눅 16:23).

- "이제 세세토록 살아 있어 사망과 **음부**의 열쇠를 가졌노니"(계 1:18).

- "내가 보매 청황색 말이 나오는데 그 탄 자의 이름은 사망이니 **음부**가 그 뒤를 따르더라"(계 6:8).

III. 중간기 처소로서의 음부관 발생 원인

위에서 보는 대로 음부가 어떤 곳인지 그 용어가 사용된 성구들에서 쉽게 파악이 되지 않는다. 왜냐하면 야곱과 같은 신앙 인물도 가는 곳이며(창 42:38 참조), 그런가 하면 악인들이 가는 곳이라고도 하였고(시 9:17 참조), 잔혹한 곳이라고 하였는가 하면(아 8:6 참조) 아무런 의식도 없는 곳(시 6:5; 전 9:10 참조)이라고 하였으며 또 미련한 부자의 경우에는 그 음부가 불꽃 가운데서 고통을 당하는 장소(눅 16:24 참조)로 알려지고 있기 때문이다. 더구나 우리는 창세기 42:38과 누가복음 16:23을 비교하여 볼 때 야곱은 음부에 내려간다고 하였는데 아브라함은 음부 저 건너편, 즉 "위로를 받는"(눅 16:25) 장소에 있다고 하였다.

이처럼 '음부'가 구체적으로 무엇을 가리키는지 정확한 개념이 확립되지 못한 상태에서 '음부'란 천국도 지옥도 아닌, 죽은 자들의 영혼이 그리스도의 재림 때까지 머무는 제3의 장소일 것이라는 상상에서부터 음부의 중간기 처소관이 생겨난 것이다.

IV. 중간기 처소로서의 음부관의 주장 내용

찰스 하지(Charles Hodge)는 그들의 주장 내용을 다음과 같이 소개하고 있다.[31]

1. 그리스도의 초림 이전에 죽은 모든 하나님의 백성은 '스올' 또는 하계(under world)에 감금되어 있다. '스올' 또는 '하데스'는 모든 죽은 세대들의 영혼들이 모여서 유치된 음울한 영역이다. 죽음에서 영혼은 그 하계의 정적과 흑암과 쓸쓸한 경역으로 벌거숭이가 되어 들어간다.

2. 그리스도께서 십자가에 죽으셨을 때에 그는 경건한 죽은 자들을 그들의 감옥으로부터 구출하기 위하여 음부(Hades) 또는 지옥(Hell)으로 내려

---

31) Charles Hodge, *Systematic Theology* (Eerdmans, 1977), vol. Ⅲ, pp. 734-735.

가셨다.

3. 그의 초림 이후에 주 안에서 죽은 성도들은 천국에 들어가지 않고 주님의 초림 전에 족장들이 죽어서 갔던 동일한 장소와 상태로 간다.

4. 구약 성도들이 메시야의 초림까지 '스올'에 남아 있었던 것과 같이 신약 시대에 죽은 자들은 그의 재림때까지 '하데스'에 남아 있는다.

또 벌콥 교수가 주장하는 바가 있는데[32] 그들에 의하면 경건한 자나 악한 자가 다 함께 죽을 때에 무서운 흑암의 장소, 즉 망각의 땅에 들어가는데 거기에서 그들은 지상 생활의 꿈 같은 반영에 불과한 상태에 있게 된다는 것이다. 그 세계는 그 자체가 상급이나 형벌의 장소가 아니다. 그곳은 선인과 악인을 위하여 여러 구역으로 구분되지 않으며 도덕적 구별이 없는 하나의 영역이다. 그곳은 약화된 의식과 게으른 무활동의 장소이며 그곳에서 생명은 흥미를 잃고 생활의 기쁨은 슬픔으로 변해 버린다. 어떤 사람은 구약의 '스올'을 모든 사람들의 영원한 거처로 생각하지만, 또 다른 사람들은 그곳이 경건한 자들에게는 그곳을 빠져나갈 희망을 가지고 있는 곳이라 한다.

V. 이 음부관이 잘못을 범하게 된 이유

위에서 잠깐 언급하였듯이 음부를 중간기 처소로 보는 견해가 생긴 이유는 구약과 신약에서 쓰인 용어, 즉 '스올'과 '하데스'가 여러 가지 의미로 사용되었다는 것을 인식하지 못한 때문이다. 위에서 지적한 대로 음부는 경건한 신자도 가는 곳이며 악인들도 가는 곳이다. 그런가 하면 의식이 없는 곳이기도 한 반면 불꽃 가운데에서 고통을 당하는 장소로 성경은 말한다. 여기에서 우리가 직감적으로 알 수 있는 것은 성경이 말하는 음부는 단일 장소나 상태를 의미하는 것이 아니라 여러 가지 장소나 상태를 의미한다는 것이다. 음부를 중간기 처소로 생각한 사람들은 바로 이 사실을 깨닫지 못하였기 때문에 실수를 범한 것이다.

---

32) Louis Berkhof, *Systematic Theology* (Eerdmans, 1974), pp. 681-682.

VI. 음부의 여러 가지 의미

성경에 사용된 '음부'라는 용어의 의미를 종합하여 정리하면, 다음 세 가지 의미로 요약할 수 있다.

1. 죽음의 상태

성경에서 음부라는 말은 항상 어떤 장소만을 가리키는 것이 아니라 자주 죽음의 상태 즉 육체와 영혼의 분리된 상태를 가리키는 추상적인 의미로도 사용되었다. 위에서 열거한 성구들 가운데 사무엘하 22:6과 시편 88:3은 바로 이러한 의미로 사용되었다고 생각된다.

2. 무덤

성경에서 또 어떤 경우에는 사람이 죽어서 그 육체가 들어가게 될 무덤을 가리키는 용어로도 사용되었다. 물론 음부라는 용어가 죽음의 상태를 뜻하는 말로 쓰였는지 아니면 무덤을 뜻하는 말로 쓰였는지를 매 경우마다 구별짓기는 쉬운 일이 아니다. 그러나 이 두 가지 의미 중 하나로 쓰였다는 사실을 그 용어가 사용된 문맥에서 알 수 있게 된다. 위에서 열거한 성구들 가운데 창세기 42:38과 시편 6:5; 전도서 9:10; 계시록 1:18 등은 이런 의미로 사용되었다고 생각된다.

3. 지옥

음부라는 말이 성경에서 분명 지옥을 가리키는 용어로 사용된 성구들이 있다. 위에서 열거한 성구들 가운데 부자가 들어간 음부(눅 16:24 참조)는 불꽃 가운데에서 고민하여 손가락 끝에 물을 찍어 그 혀를 서늘하게 하기를 갈망할 정도로 혹심한 고통을 당하는 장소로 묘사되었다. 그뿐만 아니라 그 부자는 자기 형제 다섯에게 복음을 증거하여 자기가 있는 곳에 그들이 오지 않게 하여 주기를 아브라함에게 간청한 사실을 본다. 이처럼 불 속에서 고통을 당하는 장소이며 복음을 받지 못함으로 말미암아 가게 된 장소는 지옥 이외의 다른 곳일 수 없다. 그리고 시편 9:17; 아가서 8:6 등도 지옥을 가리키는 의미로 음부라는 말이 사용된 것으로 생각된다.

VII. 결론

위에서 본 바와 같이 음부라는 용어가 성경에서 세 가지 의미로 사용된 사실을 알게 되면 이 용어로 말미암아 중간기 처소라는 교리가 존재할 수 없다는 것이 자명해진다. 그리고 한 걸음 더 나아가 인간이 죽은 후에 가는 곳은 천국과 지옥 이외에 다른 장소가 없다는 정통 교리가 옳다는 사실을 알게 된다.

제 5 절 중간기 처소에 대한 성경적 견해

우리는 지금까지 인간이 죽은 이후부터 그리스도의 재림 때까지 그 영혼이 어떤 장소에 어떤 상태로 있게 되는가를 살펴보는 가운데 그릇된 처소관들을 알아 보았다. 그러면 이 문제에 대하여 성경의 진정한 교훈은 무엇인가? 결론부터 말해서 성경은 중간기 처소로 천국과 지옥의 두 곳을 말할 뿐, 어떤 다른 장소도 말하지 않는다. 이 사실을 확증하기 위하여 먼저 신앙고백서의 설명을 살펴보고 다음에 박형룡 박사가 이 문제에 대한 성경적 교훈을 요약한 것을 보고, 마지막으로 천국과 지옥에 대하여 각각 설명을 하고자 한다.

I. 웨스트민스터 신앙고백서의 진술

사람의 육체는 죽은 후에 흙으로 돌아가 썩음을 당한다. 그러나 영혼은 (영혼은 죽지도 않고 자지도 않는) 불멸의 본질이 있어서 그것을 주신 하나님께 직접 돌아간다. 의인의 영혼은 그 때 온전히 거룩해져서 지극히 높은 천국에 들어가 빛과 영광 가운데서 하나님을 뵈옵고 그 몸의 온전한 구속을 기다린다. 그리고 악인의 영혼은 지옥에 던져져 고통과 극한 흑암 가운데 남아 마지막날의 심판을 기다린다. 육신을 떠난 영혼들을 위해서 예비된 것이 이 두 장소 외에 다른 것을 성경은 인정하지 않는다.[33]

II. 박형룡 박사가 요약한 교리적 진술

1. 사망과 부활 사이에 있는 영혼의 상태를 중간기 상태라 칭한 것은 전과 후에 있는 상태들과의 관계에 의한 것이니 정당한 것이다.
2. 중간기 처소가 따로 있다는 것은 성경의 지원이 없으므로 부정된다. 동시에 중간기 상태가 영생과 영벌의 처소에서 지난다는 것은 성경에 의해 긍정된다.
3. 각 사람의 도덕적 영적 성격과 목적지는 죽는 때에 선악간 변경될 수 없이 결정된다.
4. 의인들은 즉각적으로 거룩에 완성된다.
5. 의인들은 즉시 그리스도 앞으로 가서 전기간 거기 남아 있는다.
6. 이 중간기 상태가 구속의 최종 상태와 다른 것은 1) 신체가 없는 때문이며 2) 구속이 아직 최종 단계에까지 실현되지 않은 이유 때문이다.
7. 의인과 악인의 영혼들은 다 이 기간에 계속 활동적이며 의식적이다.[34]

III. 신자의 영혼이 직접 천국에 감을 말해 주는 성구

- "흙은 여전히 땅으로 돌아가고 영은 그것을 주신 하나님께로 돌아가기 전에 기억하라"(전 12:7).

---

[33] 웨스트민스터 신앙고백서, 제32장 1절.
[34] 박형룡, 교의신학, 내세론 (은성문화사, 1974), p. 124.

- "하늘에 기록된 장자들의 모임과 교회와 만민의 심판자이신 하나님과 및 온전하게 된 의인의 영들과"(히 12:23).

- "만일 땅에 있는 우리의 장막 집이 무너지면 하나님께서 지으신 집 곧 손으로 지은 것이 아니요 하늘에 있는 영원한 집이 우리에게 있는 줄 아느니라"(고후 5:1).

- "우리가 담대하여 원하는 바는 차라리 몸을 떠나 주와 함께 있는 그것이라"(고후 5:8).

- "내가 그 둘 사이에 끼었으니 차라리 세상을 떠나서 그리스도와 함께 있는 것이 훨씬 더 좋은 일이라 그렇게 하고 싶으나"(빌 1:23).

IV. 낙원이란 어떤 곳인가?

우리는 중간기 처소의 문제와 관련하여 성경이 말하는 낙원이란 어떤 곳인가를 밝혀 둘 필요가 있다.

1. 용어의 고찰

낙원이라는 용어는 구약에서 '파르데스'(פַּרְדֵּס), 신약에서 '파라데이소스'(παράδεισος)로 나타났고 영어 성경에서는 '파라다이스'(paradise)로 표현되었다. 이 말은 본래 보존처, 동산, 공원이란 뜻이다.

2. 이 용어가 사용된 성구와 그 의미

이 용어가 신약 성경에서 세 번 나타난다. 그 각각의 경우에 '낙원'이 구체적으로 무엇을 뜻하는가를 살펴보자.

1) "예수께서 이르시되 내가 진실로 네게 이르노니 오늘 네가 나와 함께 낙원에 있으리라 하시니라"(눅 23:43).

이 성구에서 낙원이라는 말로 주님은 어떤 장소를 가리켰다고 보아야 되겠는가? 문제의 열쇠는 예수님이 십자가에 달려 죽으신 그 날에 주님의 영혼이 어디에 가셨겠는가를 아는 데 있다.

첫째로, 누가복음 23:46에서 알 수 있다.
여기서 주님은 "아버지여 내 영혼을 아버지 손에 부탁하나이다"라고 하셨다. 그렇다면 예수님의 영혼이 십자가에서 죽음과 동시에 어디로 가셨겠는가? 예수님이 성부께 드린 이 부탁이 거절되었다고 생각할 수 있는가? 예수님의 영혼이 성부 하나님께로 가셨다면 그곳은 어디인가? 천국 이외에 다른 곳일 수 없다.

둘째로, 히브리서 9:12에서 알 수 있다.
여기서 히브리 기자는 "염소와 송아지의 피로 아니하고 오직 자기 피로 영원한 속죄를 이루사 **단번에** 성소에 들어가셨느니라"라고 하였다. 이 성구에서 우리는 두 가지 사실을 주목해야 한다.
① 여기서 말하는 성소는 어디인가? 그곳은 하늘나라 곧 천국이다. 왜냐하면 히브리서 기자는 히브리서 9:24에서 "그리스도께서는…참 하늘에 들어가사 이제 우리를 위하여 하나님 앞에 나타나"셨다고 친절하게 해석하여 주고 있기 때문이다.
② 주님은 언제 성소에 들어가셨는가? 히브리서 기자는 '단번에' 들어가셨다고 한다. 그런데 이 '단번에'라는 단어를 원어 성경에서 찾아보면 '에파팍스'(ἐφάπαξ)로 나타나 있고 이 낱말의 뜻은 '즉시로', 또는 '당장에'(at once)이다. 이 두 가지 사실에서 우리는 그리스도께서 십자가에서 구속을 완성하신 후 곧 천국으로 들어가셨음을 알 수 있다. 그러므로 예수님께서 강도에게 "오늘 네가 나와 함께 낙원에 있으리라"고 하셨을 때, 그 낙원은 천국 이외에 다른 장소가 아니라는 사실을 알게 된다.

2) "내가 그리스도 안에 있는 한 사람을 아노니 그는 십사 년 전에 셋째 하늘에 이끌려 간 자라....그가 낙원으로 이끌려 가서 말로 표현할 수 없는 말을 들었으니 사람이 가히 이르지 못할 말이로다"(고후 12:2-4).

이 말씀에서 '셋째 하늘'은 '낙원'과 동일한 처소로 나타나고 있다. 사도 바울은 이 곳에서 "말할 수 없는 말을 들었으니 사람이 가히 이르지 못할 말"이라고 하였으며 이 말을 가리켜 고린도후서 12:7에서 "여러 계시를 받은 것이 지극히 크므로"라고 하였으니 사도 바울이 이끌려 가서 하나님의 계시를 받은 그 장소는 어디겠는가? 이 벅찬 광경과 계시가 주어진 곳은 천국 이외에 다른 곳일 수 없다.

3) "귀 있는 자는 성령이 교회들에게 하시는 말씀을 들을지어다 이기는 그에게는 내가 하나님의 낙원에 있는 생명나무의 열매를 주어 먹게 하리라"(계 2:7).

우리는 이 성구에서 '낙원'이 하나님의 낙원이라고 표현된 사실과 그 곳에 생명나무가 존재하고 있다는 사실에 주목하지 않을 수 없다. 사도 요한은 계시록 21~22장에서 하나님이 계시는 천국의 광경을 보면서 다음과 같은 기록을 하고 있는 것을 본다. "또 저가 수정같이 맑은 생명수의 강을 내게 보이니 하나님과 및 어린 양의 보좌로부터 나서 길 가운데로 흐르더라 강 좌우에 생명나무가 있어 열 두 가지 실과를 맺히되"(계 22:1, 2). 여기서 우리는 무엇을 알 수 있는가? 생명나무가 있는 곳은 어디인가? 그 곳이 곧 천국이 아니겠는가? 로마교회는 낙원을 선조 림보의 또 다른 명칭으로 보는데 선조 림보에 생명나무가 있다는 말인가?

V. '아브라함의 품'은 어떤 곳인가?

1. 낙원과 같은 장소

우리는 위에서 로마교회가 '낙원'이나 '아브라함의 품'을 같은 처소, 곧 선조 림보를 가리키는 다른 명칭으로 본다는 사실을 보았다. 이와 마찬가지로 개혁파 신학자들도 '낙원'과 '아브라함의 품'은 동일한 곳으로 보았다. 그리하여 박윤선 박사는 "아브라함의 품에 들어가고"(눅 16:22)라는 말씀을 해석하면서 "이것은 아브라함이 간 곳에 동참함이니 곧 낙원에 감을 이

름이다"라고 하였다.35)

2. 이곳은 임시적 처소가 아니다.

아브라함의 품과 음부 사이의 관계를 우리는 누가복음 16:26에서 본다. "그뿐 아니라 너희와 우리 사이에 큰 구렁텅이가 놓여 있어 여기서 너희에게 건너가고자 하되 갈 수 없고 거기서 우리에게 건너올 수도 없게 하였느니라."

우리는 이 성구가 앞의 박형룡 박사 교리 요약에서 본 바와 같이 사람이 죽으면 천국과 지옥으로 갈라져 가서 그들의 운명이 고정된다는 사실을 잘 뒷받침해 주고 있음을 알게 된다. 결론적으로 말해서 아브라함의 품과 낙원은 천국을 가리키는 또 다른 명칭일 뿐 천국과 다른 별개의 장소가 아니다.

제 6 절 사후 영혼의 의식 상태

지금까지 우리는 사후에 인간의 영혼이 어떤 곳으로 가는가 하는, 그 처소에 관하여 알아 보았다. 그 결론은 신자는 천국에, 불신자는 지옥에 간다는 사실이었다. 그런데 여기서 또 하나의 질문이 생긴다. 천국과 지옥에서 각각 그 영혼들은 어떤 상태로 있는가, 의식을 가지고 있는가? 이 문제에 대한 잘못된 견해로 영혼수면설과 멸절설, 조건적 영생설이 있다. 이들의 주장을 고찰 비판하고 성경의 올바른 교훈은 무엇인가를 보고자 한다.

I. 영혼수면설

1. 주장자

이 학설은 오늘날 여호와의 증인파와 안식일 교파에서 주장되고 있다.

2. 주장 내용

영혼수면설은 사람이 죽을 때, 영혼은 무의식 곧 잠자는 상태가 되며, 이 상태는 부활할 때까지 계속된다는 주장이다.

안식일 교파에서는 인간의 영혼을 비물질적인 것으로 보지 않고 개인 그 자체로 본다. 그러므로 그들은 "인간은 영혼을 가졌다"고 말하기보다 "인간은 영혼이다"라고 말한다. 안식일 교파의 브랜슨(William H. Branson)은 사후 영혼의 상태를 다음과 같이 말한다.

> "인간의 중간기 상태에 대한 성경의 교훈은 명백하다. 죽음은 정녕 잠이다. 그것은 깊은 잠이요 의식이 없는 잠이다. 그 잠은 부활에서 깨어날 때까지 깨지지 않는다."[36]

뵈트너 교수는 여호와의 증인파의 주장을 다음과 같이 소개하고 있다.

> "여호와의 증인파에 의하면 육체와 영혼이 함께 무덤으로 내려가되 영혼은 수면상태로 내려가니 그것은 참으로 존재하지 않는 것과 마찬가지라고 한다. 소위 부활이란 실제에 있어서는 새창조인 것이다."[37]

3. 성경적 근거

이들은 이 교리를 주장하기 위하여 다음과 같은 성경적 근거를 제시한다.

1) 성경은 죽음을 잠이라고 자주 묘사하고 있다(마 9:24; 행 7:60; 고전 15:51; 살전 4:13 참조). 이 잠은 육신의 잠이 아니며 따라서 영혼의 잠임에 틀림없다고 한다.

2) 성경의 어떤 구절들은 죽은 자가 무의식 상태라고 가르친다(시 6:5;

---

35) 박윤선, 성경주석, 공관복음(영음사, 1972), p. 623.
36) William H. Branson, *The Drama of the Age* (Nashville, 1950), p. 110.
37) Loraine Boettner, *Immortality* (Eerdmans, 1956), p. 109.

30:9; 115:7; 146:4; 전 9:10; 사 38:18, 19 참조). 이것은 영혼이 그 의식적 존재를 계속한다는 주장에 배치된다고 한다.

3) 성경은 사람의 운명이 마지막 심판에 의해 결정될 것이며 그 때에 어떤 사람들은 놀라게 될 것을 가르친다. 따라서 영혼은 사후에 즉시로 그 정해진 운명에 들어간다고 생각할 수 없다(마 7:22, 23; 25:37-39, 44; 요 5:29; 고후 5:10; 계 20:12 이하 참조).

4) 죽은 자 가운데서 일으킴을 받은 자 중 아무도 그들의 경험에 대해 설명한 적이 없다.

4. 비판

1) 성경이 죽음을 '잠'으로 표현한 것은 영혼의 수면 상태를 가리키는 것이라고 볼 수 없다. 잠을 깰 때가 있는 것과 같이 그리스도 안에서 죽은 자들은 부활할 때가 있다. 이 유사성 때문에 성경은 죽음을 잠으로 비유하였다.

2) 음부에서는 일도 없고 계획도 없고 지식이나 지혜도 없다는 등의 성경의 어떤 표현들은 영혼 자체가 수면 상태라는 확증이 되지 못한다. 이런 표현은 사람이 일단 죽고 나면 이 세상의 일에 전혀 참여할 수 없다는 뜻을 나타낼 뿐이다.

3) 각 사람의 운명이 죽을 때 결정되는 것이 아니라 마지막날 심판에 의해서 결정된다는 주장은 분명히 오류이다. 거지 나사로는 심판 전에 이미 아브라함의 품에 있었고 부자는 불꽃 가운데서 고통을 당하였으며 강도는 주님과 함께 십자가에 달려 죽은 바로 그 날에 낙원에 들어갔다(눅 23:43 참조).

4) 죽었다가 다시 일으킴을 받은 자들 중에 아무도 그 때의 경험을 말한 적이 없다고 하나 이것도 적극적인 증거가 될 수 없는 것은 성경에 그런 경험을 기록할 필요를 하나님께서 느끼지 않으셨다고 생각할 수 있기 때문이다. 성경은 구속에 필요한 진리를 기록한 책이지 모든 영적 체험이나 사

물을 빠짐없이 기록한 백과사전이 아니다.

II. 멸절설

1. 주장자

이 학설은 아르노비우스(Arnobius)와 초기 소시너스파(Socinians)와 철학자 존 록크(John Locke)와 토마스 홉스(Thomas Hobbes) 등에 의하여 주장 되었다.

2. 주장 내용

이들은 주장하기를 인간은 본래 영생하도록 창조되었으나 그들이 계속 죄 가운데 살았기 때문에 하나님께서는 적극적인 행위로 영생의 은사를 그들에게서 박탈하셨고 그들은 결국 멸절되거나 영원히 의식을 상실하여 실제적으로 존재가 없는 것과 같은 상태에 있게 된다는 것이다. 이 이론이 주장된 목적은 죄인들에 대한 영원적인 형벌 교리가 너무 잔혹함을 느껴 이것을 완화하기 위함에서이다

3. 비판

오늘날 이런 주장을 따르는 자는 매우 적으니 그 이유는 죽음이 모든 것을 종결시키지 않는다는 의식이 모든 사람에게 있기 때문이다. 이 주장은 전혀 성경적인 근거를 갖지 못하는 인간 사색의 산물이므로 비판의 여지조차 없다.

III. 조건적 영생설

1. 주장자

영국의 화이트(E. White), 히어드(J. B. Heard), 프랑스의 사바티에(A.

Sabatier), 미국의 허드슨(C. F. Hudson) 등이 그 주장자이다.

2. 주장 내용

이 학설은 멸절설을 수정한 새로운 형식의 이론이라 하겠다. 이들의 주장에 의하면 영생은 인간 본래의 소유물이 아니라 그리스도 안에서 신자들에게 주어지는 하나님의 은사라는 것이다. 그러므로 그리스도를 영접하지 않는 영혼은 마침내는 스스로 소멸되거나 의식을 전부 상실하게 된다는 것이다.

3. 주장 근거

1) 성경은 하나님만 영생하신다고 가르친다(딤전 6:16 참조).

2) 성경은 예수 그리스도 안에 있는 자에게만 영생을 주신다고 한다(요 10:27, 28; 17:3; 롬 2:7; 6:22; 갈 6:8 참조).

3) 죄인에 대한 경고에 '사망'이나 또는 '멸망'이라는 말이 사용되었는데 이것은 존재가 소멸될 것을 의미한다(마 7:13; 10:28; 요 3:16; 롬 6:23; 8:13; 살후 1:9 참조).

4) 하나님이 자기의 피조물을 영원한 고통에 던지신다는 것은 그의 사랑에 모순된다.

4. 비판

1) 영생이란 말은 이미 설명한 대로 여러 가지 의미로 성경에서 사용되었다. 그들이 말하는 하나님께만 있는 영생은 절대적 의미의 영생이고 그리스도 안에서 신자들이 얻는 영생은 좁은 의미의 영생이다. 그러나 지옥에 간 영혼들은 넓은 의미의 영생을 한다. 즉 그 존재가 소멸되지 않고 영영토록 형벌을 받는다는 것이 성경의 증언이다(계 20:10 참조)

2) 성경에서 '사망' 또는 '멸망'은 반드시 존재의 소멸을 뜻하지 않는다.

이미 설명한대로 '사망'의 성경적인 기본 개념은 '분리'이지 '소멸'이 아니다. '멸망' 받는다는 말도 생의 모든 행복을 빼앗기고 고통 속에 떨어지는 것을 가리키는 것이지 존재가 소멸됨으로 행복도 고통도 없는 상태에 이르는 것을 뜻하는 것은 아니다.

 3) 피조물을 영원한 고통에 던지시는 것은 하나님의 사랑에 모순된다고 하지만 이것은 하나님을 인간의 사고의 범주 안에 감금시키는 잘못이다. 하나님의 지혜와 지식은 측량할 수 없으며(롬 11:33 참조), 하나님의 생각은 인간의 생각보다 높으시다(사 55:10 참조). 그리고 하나님은 사랑의 하나님이실 뿐만 아니라 공의의 하나님이시다.

제 7 절 사후 영혼의 활동 상태

 위에서 본 바와 같이 인간의 사후 영혼은 의식을 가지고 있다. 그 영혼은 의식을 가지고 있을 뿐만 아니라 또한 활동을 한다. 신자들의 영혼은 천국에서 행복을 누리고 불신자의 영혼은 지옥에서 고통을 당하는데 그것이 활동의 주요 부분이다. 또 우리는 천국에 있는 아브라함과 지옥에 있는 부자가 서로 대화하는 모습을 본다. 또 우리는 계시록 7:14 이하에서 흰옷 입은 자들 곧 죽어서 천국에 들어간 성도들이 하나님의 보좌 앞에 있어서 밤낮 하나님을 섬긴다는 사실을 본다.

 그러나 여기서 한가지 경계해야 할 잘못된 주장들이 있다. 그것은 사후 영혼의 활동을 지나치게 확대하여 ① 사후 영혼들이 회개하여 구원을 얻을 수 있다는 주장과 ② 현세의 인간들과 교통할 수 있다는 주장이다. 전자의 주장을 제2시련설, 후자는 강령술이라고 하는데 각각 그 내용을 살펴보고 비판하고자 한다.

I. 제 2시련설

1. 주장자

이 설은 독일의 뮬러(Muller), 도르너(Dorner), 니체(Nitzsch), 스위스의 고데(Godet), 영국의 파라(Farrar), 모리스(Maurice), 미국의 뉴맨 스미드(Newman Smythe), 콕스(Cox) 등 많은 사람들에 의하여 주장되었다.

2. 주장 내용

현세에서 구원받지 못하고 죽은 사람들의 영혼이 중간기 상태에서 회개하고 그리스도를 영접하여 구원받을 수 있는 기회를 가지게 될 것이라는 주장이다. 왜냐하면 신앙의 기회가 충분히 주어지지 않고는 아무도 지옥불에 들어가도록 정죄될 수 없기 때문이라는 것이다. 이런 기회가 모든 사람에게 주어지느냐, 일부 사람에게 주어지느냐 하는 견해 차이가 있으나 일반적인 견해는 유아기에 죽은 자들과 지상에서 그리스도의 복음에 접할 기회를 갖지 못한 자들에게 폭넓게 주어질 것이라고 한다.

3. 주장 근거

1) 하나님의 공의
   죄인들의 구원을 위하여 그리스도를 보내신 하나님이 그 복음을 듣지도 못한 자들에게 지옥 형벌을 내리시는 것은 그의 공의에 어긋난다.

2) 성경의 교훈
   • "그가 또한 영으로 가서 옥에 있는 영들에게 선포하시니라"(벧전 3: 19).
   • "이를 위하여 죽은 자들에게도 복음이 전파되었으니 이는 육체로는 사람으로 심판을 받으나 영으로는 하나님을 따라 살게 하려 함이라"(벧전 4:6).

4. 비판

1) 하나님의 공의와 관계 없다.

인간이 범죄한 것은 하나님에게 책임이 있는 것이 아니며 따라서 하나님께 구원의 의무가 있는 것이 아니다. 구원은 오직 하나님의 사랑과 자비와 긍휼에서 비롯된 선물이며 그 구원은 영원 전부터 그의 기쁘신 뜻대로 택하심을 입은 자들에게(엡 1:4, 5, 11 참조) 베풀어진다. 그리스도께서는 '자기 양'을 위하여 오셨고(요 10:11, 26 참조), 아버지께서 주신 자들의 구원을 위해 오셨다(요 10:28; 17:9 참조).

2) 근거로 제시된 성구는 그런 뜻이 아니다.

이미 앞에서 해석된 바와 같이 이 성구는 지금 옥에 가 있는 자들, 또는 지금 죽어 있는 자들에게 그들의 생존 당시에 복음이 전파되었다는 뜻이다.

3) 복음을 받지 못한 것은 성부의 뜻이다.

구원의 길을 가르쳐 주는 복음은 세상이 자기 지혜로 알 수 없는(고전 1:21 참조) 비밀이다. 그리하여 "천국의 비밀을 아는 것이 너희에게는 허락되었으나 저희에게는 아니되었"(마 13:11)다. "지혜롭고 슬기있는 자들에게는 숨기시고 어린아이들에게는 나타내"(마 11:25)신 것이 복음이다. 이렇게 된 것은 우연이 아니라 "아버지의 뜻"(마 11:26)으로 그렇게 된 것이다.

4) 적극적인 반증

만일 사후에 지옥의 형벌이 있음을 알고 난 영혼들에게 구원받을 기회가 주어진다고 하면 예수님을 안 믿을 자가 어디 있겠는가? 그런데 성경은 무엇을 말하고 있는가?

"죽은 자들이 자기 행위를 따라 책들에 기록된 대로 심판을 받으니 바다가 그 가운데서 죽은 자들을 내어 주고 또 사망과 음부도 그 가운데서 죽은 자들을 내어 주매 각 사람이 자기의 행위 대로 심판을 받고 사망과 음부도 불못에 던지우니 이것은 둘째 사망 곧 불못이라 누구든지 생명책에 기록되지 못한 자는 불못에 던지우더라"(계 20:12-15).

여기서 우리는 무엇을 알 수 있는가?

① 각 사람이 심판을 받는다.
② 자기 행위 대로 심판을 받는다. 이 행위는 물론 살아 생전의 행위이다.
③ 심판을 받고 불못에 던지움을 받는다.

이런 성경의 엄연한 사실을 외면하고 제2시련설을 주장하는 자들은 한 마디로 성경을 믿지 않거나 성경에 무식한 자들이라고밖에 할 수 없다.

II. 강령(降靈)주의

사후 영혼의 활동 문제와 관련해서 또 한가지 살펴볼 것은 강령주의(Spiritualism 또는 Spiritism)이다. 이 문제에 대하여 뵈트너 교수는 상세한 설명을 하고 있다. 이 설명을 발췌하여 간단히 고찰하고자 한다.[38]

1. 내용

강령주의란 죽은 자들의 영혼이 그 영혼의 영향력을 입은 매개인 곧 신접자(神接者)를 통하여 생존한 사람들과 교통을 할 수 있으며 또 그렇게 한다고 믿는 신념이다.

이런 사상은 많은 사람들에게 매력을 느끼게 하며 특히 고인으로 말미암아 상심한 가족들에게는 갈망의 대상이 된다. 그리고 이 강령술은 점복술, 관상술, 점성술 등 미신적 행위와 밀접한 관계를 가지고 소위 신접자들에 의하여 행하여지고 있다. 이것을 우리가 신학적 논란의 대상이 될 만한 가치가 있어서 논하는 것이 아니라 신앙 생활에서 미혹을 받지 않도록 하기 위하여 비판해 둘 필요가 있는 것이다.

2. 비판

1) 죽은 자들의 영혼은 돌아올 수 없다.

성경은 죽음이 이 세상에 속한 모든 것들과 완전히 관계를 끊게 하는

---

38) *Ibid.*, pp. 137-159.

사건임을 가르치고 있다.

- "내가 돌아오지 못할 땅 곧 어둡고 죽음의 그늘진 땅으로 가기 전에 그리하옵소서"(욥 10:21).
- "구름이 사라져 없어짐 같이 스올로 내려가는 자는 다시 올라오지 못할 것이오니 그는 다시 자기 집으로 돌아가지 못하겠고 자기 처소도 다시 그를 알지 못하리이다"(욥 7:9, 10).
- "지금은 죽었으니 내가 어찌 금식하랴 내가 다시 돌아오게 할 수 있느냐 나는 그에게로 가려니와 그는 내게로 돌아오지 아니하리라 하니라"(삼하 12:23).

사도 바울은 우리 영혼이 육신을 떠나면 즉시로 주님과 함께 있을 것을 가르쳤다.

- "우리가 담대하여 원하는 바는 차라리 몸을 떠나 주와 함께 있는 그것이라"(고후 5:8).

그리고 부자와 나사로의 비유에서 지옥에 있는 부자의 영혼은 지상에 있는 그의 형제들에게 그곳의 고통을 말하여 그곳에 오지 않도록 하고 싶었으나 그들과 의사소통을 할 수가 없었다.

2) 성경은 죽은 자와의 교통을 시도하지 못하도록 금지하고 있다.

- "진언자나 신접자나 박수나 초혼자를 너희 가운데에 용납하지 말라"(신 18:11).
- "접신한 자와 박수무당을 음란하게 따르는 자에게는 내가 진노하여 그를 그의 백성 중에서 끊으리니"(레 20:6).
- "어떤 사람이 너희에게 말하기를 주절거리며 속살거리는 신접한 자와 마술사에게 물으라 하거든 백성이 자기 하나님께 구할 것이 아니냐

산 자를 위하여 죽은 자에게 구하겠느냐 하라"(사 8:19).

3. 엔돌의 신접한 여인의 사무엘 초혼(招魂)의 해석문제

우리는 사무엘상 28:3-25에서 사울 왕이 엔돌에 있는 신접한 여인을 찾아갔을 때 그 여인이 죽은 사무엘 선지자의 영혼을 불러 내어 말하게 한 기록을 본다. 강령주의자들은 자주 이 성경을 자기들의 주장 근거로 제시한다. 이 문제에 대하여 박윤선 박사는 다음과 같이 해석하였다.

"그러면 이 장면에 나타난 '사무엘'은 천국에 갔던 그(영혼)가 이 세상으로 다시 온 것일까? 이에 대하여 두 가지 해석이 있다."

1) 참으로 사무엘이라는 해석이다. 이 해석을 주장하는 학자들은 그때에 하나님께서 권능으로 사무엘(영혼)을 나타내셨다고 한다(Keil, Schulz, Schneider, Deane). 그러나 이 해석에는 난제가 따른다. 하나님께서 그의 선지자(영혼)를 접신녀가 부리는 귀신에게 내어주셨을 리 만무하다. 그 뿐 아니라 성도들이 몸을 떠나면 (그 영혼이) 하늘로 올라가는데(전 3:21; 12:7; 눅 16:22, 23 참조) 접신녀는 "신이 땅에서 올라오는 것을 보았나이다"라고 말하였다(13절 하반). 신이 땅에서 올라온다는 사상은 접신술의 거짓된 사상이다(사 29:4 참조).

2) 악령이라는 해석이다. 루터(Luther)와 칼빈(Calvin)은, 여기 이른바 '사무엘'은 사실상 사무엘(그의 영혼)이 아니고 유령(sceeptre)이라고 하였다(Keil-Delitzsch, *Commentary on the Old Testament* 2. Eerdmans, 1973, the Books of Samuel, pp. 265~266, note). 언제든지 완고하게 하나님의 말씀을 순종하지 않는 자들은 사단으로 말미암아 속임을 당하게 된다.[39]

---

39) 박윤선, 성경주석, 사무엘서 · 열왕기 · 역대기(영음사, 1972), p. 142.

또 영국의 주경신학자인 매튜 헨리(Matthew Henry)는 이 사건에 관하여 다음과 같이 말하고 있다.

"사무엘의 신이 '땅에서 올라오는 것을 보았다'고 말했다면 그들은 그것이 사무엘 자신의 영혼이 아니란 것을 쉽사리 알 수 있었을 것이다. 왜냐하면 '인생의 혼' 더욱이 의인의 영혼은 '위로 올라가기' 때문이다(전 3:31 참조). 그런데도 사람들이 속는다면 이는 하나님께서 '그들이 속을지어다'라고 말씀하셨기 때문이다. 하나님의 허락 가운데서 악마가 사무엘을 가장한다는 것은 조금도 이상할 것이 없다. 왜냐하면 악마는 '자신을 광명의 천사로 가장할 수' 있기 때문이다."40)

결론적으로 말해서 죽은 자의 영혼은 죽음과 동시에 천국 또는 지옥으로 가고 지상에 있는 사람들과 교통할 수 없는 것이다. 그리고 하나님의 사람들은 절대로 신접자를 통하여 죽은 자들의 영혼과 교통하기를 시도해서는 안 된다. 이것은 죄악이다. 신접한 여인을 찾아갔던 사울 왕의 예는 우리에게 어떤 교훈을 주는가?

"사울이 죽은 것은 여호와께 범죄하였기 때문이라 그가 여호와의 말씀을 지키지 아니하고 또 신접한 자에게 가르치기를 청하고 여호와께 묻지 아니하였으므로 여호와께서 그를 죽이시고 그 나라를 이새의 아들 다윗에게 넘겨 주셨더라"(대상 10:13, 14).

---

40) Matthew Henry's Commentary, *Samuel* I, 28:3-25 cf.

《《연습문제》》

1. 중간기 상태의 개념을 말하라.

2. 중간기 처소에 대한 교리가 발생하게 된 동기는 무엇인가?

3. 교부들의 주장 내용은 무엇인가?

4. 로마교회의 중간기 처소관 중 연옥 교리를 말하라.

5. 선조 림보와 유아 림보에 대해 설명하라.

6. 위 4번 답을 비판하라.

7. 위 5번 답을 비판하라.

8. 음부의 원어적 고찰을 하라.

9. 중간기 처소로서의 음부관 발생 원인이 무엇인가?

10. 중간기 처소로서의 음부관 주장 내용이 무엇인가?

11. 이 음부관이 잘못을 범하게 된 이유는 무엇인가?

12. 성경에 사용된 음부의 여러 가지 의미를 말하라.

13. 중간기 처소에 대한 성경적 견해를 밝히라.

14. 낙원이란 어떤 곳인가?

15. 아브라함의 품은 어떤 곳인가?

16. 사후 영혼의 의식 상태에 대한 잘못된 견해를 밝히고 잘못된 점을 지적하라.

17. 사후 영혼의 활동 상태에 대한 잘못된 견해를 밝히고 잘못된 점을 지적하라.

제 3 편 일반적 내세론

제 1 장 그리스도의 재림
제 2 장 천년왕국론
제 3 장 죽은 자의 부활
제 4 장 최후 심판

제1장 그리스도의 재림

 이제까지 우리는 개인의 종말에 관한 교리를 살펴보았다. 그러나 성경의 교훈에 의하면 종말은 개인에게만 있는 것이 아니라 이 세상에도 있다. 그리고 그 후에는 새로운 세계가 펼쳐진다. 이제부터 세상 종말과 그 후의 일들에 관하여 살펴보자. 여기서 다루어질 중요한 주제는 그리스도의 재림과 천년왕국, 부활, 최후심판, 최후 상태 등이다.

제1절 예비적 고찰

I. 그리스도 재림 교리의 중요성

 그리스도 재림 교리는 무엇보다 먼저 그 중요성이 지적되어야 한다. 그 이유는 다음과 같다.

1. 성경에서 탁월한 지위

 성경이 예언의 책이라면 구약 성경은 그리스도의 초림에 관한 예언 문서요 신약 성경은 그리스도의 재림에 관한 예언 문서라고 할 수 있다. 물론 구약 성경에도 그리스도의 재림이 예언되지 않은 것은 아니다(욥 19:25, 26; 단 7:13, 14; 슥 14:4; 말 3:12 참조). 그러나 신약에 와서 그리스도의 재림에 관한 예언이 절대적인 비중을 차지한다. 박형룡 박사의 말에 의하면 그리스도의 재림에 관한 예언이 "318번, 즉 매 25절에 한 번씩 언급되어 독자들을 놀라게 한다. 예를 들면 복음서에서는 우리 주님의 비유들과 예언들에 추가하여 마태복음 24장과 25장, 마가복음 13장, 누가복음 21장에서와 같이 전 장을 점령한 큰 예언적 교훈들이 있다. 사도행전의 이야기는 승천과 재림의 약속으로 시작한다(행 1:9-11 참조). …계시록의 많은 환상들로 신약을 종결하면서 '내가 진실로 속히 오리라'하는 재림의 약속과 '아멘 주예수여 오시옵소서'라는 기도로 말단을 장식하였다(계 22:20 참조)"라고 하였다.[41]

2. 성경 이해의 열쇠

위에서 보는 바와 같이 그리스도의 재림에 관한 예언이 성경 전체에서 막대한 비중을 차지하고 있으므로 이 재림 교리를 떠나서는 다른 교훈들이 바로 이해될 수 없다. 예를 들면 기독론에서 그리스도의 왕직을 말함에 있어 만일 재림을 염두에 두지 않는다면 십자가에 달려 죽으신 그분이 어떻게 왕이라고 할 수 있는지 이해가 되지 않을 것이며, 또한 구원론에서 그의 재림 이후에 있을 부활과 영생이 이해되지 않을 것이다.

3. 모든 성도들의 소망

그리스도 안에서 신앙 생활을 하는 모든 성도들의 궁극적인 소망은 이 시대에 이 세상에서 받을 수 있는 영육 간의 축복이 아니라 바로 그리스도의 재림의 날이다.

성도들은 그 날에 주실 의의 면류관을 바라보면서 주의 나타나심을 사

---

41) 박형룡, 교의신학, 내세론(은성문화사, 1974), p. 179.

모하는 것이며(딤후 4:8 참조) 하나님께서는 "복스러운 소망과 우리의 크신 하나님 구주 예수 그리스도의 영광이 나타나심을 기다리게 하셨"(딛 2:13)다. 또한 베드로 사도도 성도들에게 권면하여 이르기를 "거룩한 행실과 경건함으로 하나님의 날이 임하기를 바라보고 간절히 사모하라"(벧후 3:11, 12)고 하였다. 사도 요한도 말하기를 "그가 나타내심이 되면 우리가 그와 같을 줄을 아는 것은 그의 계신 그대로 볼 것을 인함이니 주를 향하여 이 소망을 가진 자마다 그의 깨끗하심과 같이 자기를 깨끗하게 하느니라"(요일 3:2, 3)고 하였다.

4. 영적 활동의 원동력

그리스도의 재림을 바라보는 신앙은 성도들로 하여금 더욱 정결하게 살도록 격려하고(요일 3:3; 벧후 3:11; 마 25:6, 7 참조) 깨어 근신하게 하며(마 24:43; 살전 5:6 참조) 이 땅에서 당하는 모든 고난도 능히 극복할 수 있게 한다(롬 8:18 참조).

II. 그리스도 재림의 확실성

이처럼 중대한 그리스도의 재림 교리는 여러 사람들의 여러 가지 이론에 의하여 공격을 받아 왔다. 그러나 우리는 그리스도의 재림을 부정하는 이들의 주장이 헛된 것임을 밝히고 그리스도의 재림은 반드시 이루어지고야 말 사건임을 성경을 통하여 확실히 해 둘 필요가 있다.

1. 그리스도의 재림에 대한 부정론

많은 사람들이 그리스도의 재림을 다음과 같은 여러 가지 잘못된 개념으로 바꾸어서 결국 그리스도의 유형한 인격적 재림을 부정하고 있다. 이것들부터 비판하자.

1) 오순절 성령 강림이 그리스도의 재림이라는 주장

이 주장의 잘못은 명백하다. 왜냐하면 오순절 성령 강림 이후에도 신약 성경에는 그리스도께서 재림하실 것을 계속 예언하고 있으며 또한 그 날을 바라보며 신앙 생활을 하도록 성도들에게 수없이 반복하여 권면하고 있기 때문이다.

2) 예루살렘의 멸망이라는 주장
주님의 재림 약속은 주후 70년 로마의 디도 장군에 의하여 일어난 예루살렘의 멸망에서 이루어졌다고 주장하는 자들이 있다.

3) 그리스도의 영적 임재라는 주장
어떤 사람들은 그리스도의 재림을 그리스도께서 성도들의 생활 속에 영적으로 임재하시는 사실과 혼동하고 있다. 물론 주님께서는 "내가 너희를 고아와 같이 버려두지 아니하고 너희에게로 오리라"(요 14:18)고 말씀하시어 성도들 심령 속에 영적으로 임재하실 것을 예언하셨다. 그러나 이 사실과 세상 종말에 있을 재림은 별개의 사건임을 잊어서는 안 된다. 그리스도의 재림은 "하늘로 가심을 본 그대로 오시"(행 1:11)는 재림이며 "각인의 눈이 그를 보겠고 그를 찌른 자들도 볼 터이요 땅에 있는 모든 족속이 그를 인하여 애곡"(계 1:7)하는 재림이다. 이 재림이 어떻게 영적 임재가 될 수 있단 말인가?

4) 성도들의 죽음이라는 주장
어떤 사람들은 그리스도의 재림을 성도들의 죽음과 동일한 것으로 보기도 한다. 물론 성도들의 영혼이 육신의 장막을 떠나면 주님과 함께 거하는 것은 사실이다(고후 5:8 참조). 그러나 성도의 죽음과 그리스도의 재림은 분명히 구분된다. 한 가지 예를 들면 그리스도께서 베드로에게 어떠한 죽음으로 하나님께 영광을 돌릴 것인지를 예언하시면서 하신 말씀이 있다. "내가 올 때까지 그를 머물게 하고자 할지라도 네게 무슨 상관이 있느냐"(요 21:22). 이 말씀에서 머물게 한다는 말은 죽지 않고 살아 있게 한다는 말이다. 여기서 분명해지는 한 가지 사실은 개인의 죽음과 그리스도의 오심, 즉 재림을 주님께서는 동일시하지 않으셨다는 것이다. 그리고 그리스도의 재림이 가까워 오면 그 시대는 노아의 때와 같을 것이라고 하신 말씀(마 24:37 이하 참조)에서도 재림은 결코 개인의 죽음이 아니라는 사실이 자명해진다.

5) 지상에 이루어질 이상적인 세계라는 주장

자유주의 신학은 기독교 진리의 감화를 통하여 세계가 점진적으로 개선되어 하나님의 나라가 이루어짐으로 멀리 있는 그리스도의 재림이 실현될 것이라고 한다.

그러나 이러한 주장은 주님의 말세훈에 명백히 모순된다. 왜냐하면 주님께서는 이 땅에 자신이 재림하실 때에는 이 세상에 불법이 성하고 사랑이 식어지며(마 24:12 참조) 또한 창세로부터 지금까지 없던 큰 환란이 있을 것이라고(마 24:21 참조) 말씀하셨기 때문이다.

2. 성경의 확고한 증언과 성경 자체의 가신성(可信性)

위에서 지적한 대로 그리스도의 재림은 신약 성경에만 318회나 예언되었을 뿐만 아니라 구약 성경에서도 많이 예언되었다. 이 예언을 우리는 어떻게 받아들여야 하는가? 여기서 두 가지 점을 명심할 필요가 있다.

1) 그리스도의 초림(初臨)에 관한 구약 성경의 예언들이 완전히 성취된 사실

헤르만 바빙크(Herman Bavinck)에 의하면 구약 성경에 그리스도의 초림에 관한 예언은 456회나 있다고 한다. 그리고 이 예언은 동정녀 탄생에 대한 예언으로부터 십자가의 죽으심에 이르기까지 그리스도의 지상 생애에서 완전히 이루어졌다는 사실을 우리는 안다. 그렇다면 그리스도 자신이 누구보다 많이 약속하셨고 사도들이 영감으로 이 사실을 기록한 성경의 예언이 이루어지지 않을 수 있겠는가?

2) 성경이 무오하다는 사실

성경은 하나님의 감동으로 된 것으로(딤후 3:16 참조) 천지가 없어지기 전에는 그 일점 일획이라도 결코 없어지지 않고 다 이루어질 말씀(마 5:18

참조)이다.
 이 두 가지 사실을 명심한다면 그리스도의 재림의 확실성에 대하여 더 이상 긴 설명이 필요치 않을 것이다.

제 2 절 재림의 징조

 그리스도의 재림의 날이 도적같이 올 것을 성경은 말한다(마 24:43; 벧후 3:10 참조). 다시 말해서 주님의 재림은 홀연히 또는 갑자기 이루어질 것이다. 그러나 이것은 어디까지나 불신자들과 미련한 다섯 처녀들과 같은 자들에게 그러한 것이다. 슬기로운 다섯 처녀와 같이 영적으로 깨어 있는 신자들에게는 비록 주님의 재림의 정확한 날과 시간은 알지 못할지라도(마 24:36 참조) 그 시대는 알 수 있도록 몇 가지 징조(precursory signs)를 주님께서 말씀하여 주셨다. 우리는 이 사실을 마태복음 24:3 이하에서 이루어진 제자들의 질문과 주님의 대답에서 알 수 있다.
 제자들은 질문하였다. "또 주의 임하심과 세상 끝에는 무슨 징조가 있사오리이까"(마 24:3). 이 질문에 대하여 주님께서는 그 때에 이루어질 여러 가지 사건들을 예언하시고 나서 제자들에게 이렇게 말씀하셨다. "무화과 나무의 비유를 배우라 그 가지가 연하여지고 잎사귀를 내면 여름이 가까운 줄을 아나니 이와 같이 너희도 이 모든 일을 보거든 인자가 가까이 곧 문 앞에 이른 줄을 알라"(마 24:32, 33). 따라서 주님께서 마태복음 24:4-31에서 예언하신 사건들은 깨어 있는 신자들에게 주님의 재림이 가까웠음을 알려주는 신호요 징조라고 할 수 있다. 그러면 주님의 재림이 가까워 옴을 알리는 징조는 어떤 것들이 있는가 알아 보자.
 벌콥(L. Berkhof) 교수는 그 징조들로써 1) 복음의 세계적 전파 2) 이스라엘 전국의 회심 3) 대 배교와 대 환란 4) 적그리스도의 나타남 등을 들었으며, 훅스마(Herman Hoeksema) 교수는 1) 복음의 전파 2) 전쟁과 전쟁의 소문 3) 사회적 투쟁과 혁명 4) 죽음과 기근과 질병과 지진 5) 믿음의 배교 6) 적 그리스도의 나타남 7) 하늘의 징조 8) 인자의 징조 등을 들고 있다.42) 그러나 그 내용에 있어서 별 차이가 없으므로 여기서는 벌콥 교수가 취한 순서를 따르면서 자유롭게 설명하고자 한다.

I. 복음의 세계적 전파(이방인의 부르심)

- "이 천국 복음이 모든 민족에게 증언되기 위하여 온 세상에 전파되리니 그제야 끝이 오리라"(마 24:14).
- "이 신비를 너희가 모르기를 내가 원하지 아니하노니 이 신비는 이방인의 충만한 수가 들어오기까지 이스라엘의 더러는 우둔하게 된 것이라"(롬 11:25).

이 성구들에서 보는 바와 같이 그리스도의 재림 전에 복음은 전 세계에 전파될 것이다. 그러면 복음이 전 세계에 전파된다는 것은 구체적으로 어떤 상태를 말하며 우리의 임무는 무엇인가?

1. 세계적 전파의 한도

이 말씀은 지상의 전 인구가 하나도 빠짐없이 신자가 되리라는 의미는 아닐 것이 분명하다. 왜냐하면 그 때에 거짓 선지자가 많이 일어나고(마 24:11), 홍수가 나서 저희를 다 멸하기까지 깨닫지 못하는 노아 시대의 사람들과 같은 사람들이 있을 것이며(마 24:39), 하나는 데려감을 당하고 하나는 버려둠을 당할 것이기 때문이다(마 24:40).

그러므로 이 말씀은 복음이 전 세계의 모든 사람들에게 들려져서 그리스도와 그 나라에 대한 태도를 결정할 만한 기회를 가졌다고 할 만한 정도를 뜻한다고 생각된다.

2. 그리스도인의 임무

이처럼 복음은 그리스도의 재림 전에 전 세계에 전파되어야 하는데 그

---

42) Herman Hoeksema, *Reformed Dogmatics* (Grand Rapids, 1976), p. 779.

전파의 임무는 누구에게 있는가? 주님은 그 임무를 우리 그리스도인에게 맡기셨다(마 28:18-20; 행 1:8 참조). 따라서 우리는 그리스도의 재림 때까지 이 임무를 완수하기 위하여 전력을 다해야 할 것이다.

II. 이스라엘 전국의 회심

- "내가 다윗의 집과 예루살렘 주민에게 은총과 간구하는 심령을 부어 주리니 그들이 그 찌른 바 그를 바라보고 그를 위하여 애통하기를 독자를 위하여 애통하듯 하며 그를 위하여 통곡하기를 장자를 위하여 통곡하듯 하리로다"(슥 12:10).

- "이 신비는 이방인의 충만한 수가 들어오기까지 이스라엘의 더러는 우둔하게 된 것이라 그리하여 온 이스라엘이 구원을 받으리라 기록된 바 구원자가 시온에서 오사 야곱에게서 경건하지 않은 것을 돌이키시겠고"(롬 11:25, 26).

1. 로마서 11:25,26의 해석 문제

이 성구는 그리스도의 재림 직전에 이스라엘 백성들이 전체적으로 회개하고 돌아올 것임을 예언하고 있다. 그런데 로마서 11:25, 26에서 말하는 '이스라엘'이, 택한 백성 곧 영적인 이스라엘을 의미하는지, 아니면 내적인 이스라엘을 의미하는지에 대하여 견해 차이가 있다. 그러나 우리는 여기서 말하는 '이스라엘'이 내적인 이스라엘이라고 생각하지 않을 수 없다. 왜냐하면 25절에서 "이방인의 충만한 수가 들어오기까지 이스라엘의 더러는 완악하게 된 것이라"고 하였을 때, 그 이스라엘은 분명히 내적인 이스라엘이기 때문이다. 그 이스라엘은 이방인과 대조를 이루어 사용되었기 때문이다. 그렇다면 연속되는 문장에서 동일한 단어가 두 가지 의미로 쓰일 것이라고 생각할 수는 없다. 즉 25절의 이스라엘이 육적인 이스라엘이라면 26절의 이스라엘도 육적인 이스라엘로 보아야 한다. 이런 의미에서 이상근 박사도 다음과 같이 해석하였다.

"전절에서 말한 바처럼 이방인의 수가 차면 이스라엘의 완악은 해소되고 그들은 전체적으로 회개하여 구원을 얻을 것이다. '온 이스라엘'을 ① 영적인 의미, 즉 신자로(Calvin), ② 혹은 이스라엘 중에서 택함을 입은 전체로(Bengel, Olshausen) 해석하나, ③ 문자적으로 취급하는 것이 옳다."[43]

박윤선 박사와 매튜 헨리(Matthew Henry) 등 대부분의 주경 신학자들이 같은 입장을 취하고 있다.

2. [온 이스라엘]의 한도

그러면 이 성구에서 말하는 바 온 이스라엘을 이스라엘 국민 가운데 하나도 빠짐없는 전체를 의미하는가?

박윤선 박사는 "온 이스라엘이라는 말은 개인적으로 빠짐없는 전 수를 가리키지 않고 이스라엘 민족 중 구원 얻는 자들의 총수를 가리킨다. 그러므로 이것은 하나님이 정하신 이스라엘의 만수로서 그가 그들을 구원하심으로 그의 약속들이 모두 다 이루어지게 되는 사람 수이다"라고 하였다.[44] 반면에 이상근 박사는 "그러나 이를 이스라엘인 하나 하나가 빠짐없이 구원받는다고 볼 필요는 없을 것이다. 이스라엘은 늘 전체적으로 취급되었다. 그러므로 이스라엘이 전체적으로 구원 받는 것으로 해석할 것이다"라고 하였다.[45]

결론적으로 말해서 그리스도의 재림 전에 육적인 이스라엘 백성의 거의 대부분이 회개하고 그리스도 앞으로 돌아오는 역사가 있을 것이라고 보아야 할 것이다.

---

43) 이상근, 신약주해, 로마서(총회교육부, 1975), p. 267.
44) 박윤선, 성경주석, 로마서(영음사, 1973), p. 310.
45) op. cit., p. 267.

III. 대배교와 대환난

1. 두 사건의 밀접성

대배교란 많은 거짓 선지자(마 24:11, 24 참조)와 거짓 그리스도(마 24:5, 23 참조)가 출현하여 많은 사람들을 미혹하는 일을 말하며, 대환난이란 전쟁과 기근과 지진으로 시작되어(마 24:7, 8 참조) 성도들도 당하게 될 (마 24:9 참조) 창세 이후 없었던 큰 환난(마 24:21 참조)을 말한다.
    이 두 사건은 주님께서 함께 가르치셨고 (마 24:9-12, 21-24; 막 13:9-22; 눅 21:22-24 참조), 또한 서로 인과 관계가 있는 고로 함께 취급할 수 있는 사건이다.

2. 이 예언에서 얻은 교훈

1) 악의 세력은 주님의 재림 때까지 계속되며 그 직전에 극도에 달한다.
    주님은 죄악의 세력이 세상 끝날까지 계속 존재할 것임을 가라지 비유(마 13:37-43 참조)에서 가르치셨다. 그리고 세계의 종말이 가까울 때는 악의 세력이 최후 발악을 하여 대배교 현상이 일어나 성도들의 인내를 시험할 것을 말세훈에서 길게 가르치셨다.

2) 성도들에게 환난은 항상 있으며 재림하시는 주님의 영접은 환난의 절정에서 이루어질 것이다.
    성도들이 가는 길은 언제나 좁고 협착하며(마 7:14 참조) 성도들이 이 세상에서 사는 것은 양이 이리 가운데서 사는 것과 같은(마 10:16 참조) 고난의 길이다. 그런데 이 고난은 세상 종말이 가까워지면 최절정에 달하여 성도들은 그 고난을 당하다가 주님의 재림으로 극적인 구원의 역사를 경험할 것이다.
    그러므로 성도들은 세상에 거짓 선지자와 거짓 그리스도가 많아지고 환난이 심해질수록 더욱 진리의 말씀에 굳게 서서 인내하며 주님의 재림을 소망 중에 바라보아야 한다.

"일월 성신에는 징조가 있겠고 땅에서는 민족들이 바다와 파도의 성난 소리로 인하여 혼란한 중에 곤고하리라...이런 일이 되기를 시작하거든 일어나 머리를 들라 너희 속량이 가까웠느니라 하시더라"(눅 21:25, 28).

IV. 적그리스도(Anti Christ)의 출현

그리스도의 재림 전에 나타날 또 한 가지 징조는 적 그리스도의 출현이다. 이 문제에 대하여 다음과 같은 순서로 살펴보자.

1. 용어의 고찰

'적 그리스도'라는 말은 헬라어로 안티크리스토스(ἀντίχριστος)이다. 이 용어에서 안티(ἀντί)는 '대신' '대적'이라는 두 가지 의미를 가진다. 그리하여 이 용어는 1) 그리스도의 대신 된 자-거짓 그리스도와 2) 그리스도를 대적하는 자-적그리스도를 의미할 수 있다. 성경은 이 두 가지 의미를 다 사용한 것으로 보인다(거짓 그리스도-마 24:24, 적 그리스도-요일 2:18). 그러나 거짓 그리스도도 결국 그리스도를 대적하는 자이니 '적그리스도'라는 용어를 사용하는 것이 좋을 것이다.

2. 예언된 성구

이 사건이 '적 그리스도'라는 이름으로 직접 예언된 것은 요한일서에서 3번, 요한이서에서 1번뿐이다(요일 2:18, 22; 4:3; 요이 7 참조).
그러나 직접 '적그리스도'라는 용어를 사용하지 않았다 하더라도 그 내용상 적 그리스도에 대한 예언들이 많이 있다(단 7:8, 23-26; 11:36- 45; 마 24:24; 요 14:30; 살후 2:1-12; 계 13:1-18 등 참조).

3. 적그리스도의 개념

그러면 위의 성구에서 말하는 적그리스도란 무엇이며 특히 그리스도의 재림 직전에 나타날 것으로 예언된 적그리스도의 정체는 무엇일까? 예언된 성구를 따라 이 문제에 대한 해답을 찾아보자.

1) 다니엘의 예언 – 세계의 위대한 마지막 왕

다니엘서 7장에는 네 개의 세계 제국들이 네 짐승들로 묘사되어 있는데 네 번째 짐승이 가진 열 뿔(열 왕)이 지나가고 마지막으로 또 하나의 뿔이 나오는데 이 뿔이 적그리스도의 개념으로 예언되어 있다.

- "그 열 뿔은 그 나라에서 일어날 열 왕이요 그 후에 또 하나가 일어나리니 그는 먼저 있던 자들과 다르고 또 세 왕을 복종시킬 것이며 그가 장차 지극히 높으신 이를 말로 대적하며 또 지극히 높으신 이의 성도를 괴롭게 할 것이며 그가 또 때와 법을 고치고자 할 것이며 성도들은 그의 손에 붙인 바 되어 한 때와 두 때와 반 때를 지내리라 그러나 심판이 시작되면 그는 권세를 빼앗기고 완전히 멸망할 것이요"(단 7:24-26).
- "이 왕이 자기 뜻대로 행하며 스스로 높여 모든 신보다 크다 하며 비상한 말로 신들의 신을 대적하며 형통하기를 분노하심이 쉴 때까지 하리니 이는 그 작정된 일이 반드시 이룰 것임이니라"(단 11:36).

우리가 이 예언에서 적그리스도에 대하여 알 수 있는 것은 ① 세상 마지막에 나타나는 통치자(왕)이며 ② 하나의 존재이며 ③ 하나님과 성도를 대적하며 ④ 최후 심판에서 멸망받을 자라는 것이다.

2) 예수님의 예언 – 거짓 그리스도들, 이 세상 임금

- "거짓 그리스도들과 거짓 선지자들이 일어나 큰 표적과 기사를 보여 할 수만 있으면 택하신 자들도 미혹하리라"(마 24:24).
- "이후에는 내가 너희와 말을 많이 하지 아니하리니 이 세상의 임금이

오겠음이라 그러나 그는 내게 관계할 것이 없으니"(요 14:30).

- "이제 이 세상에 대한 심판이 이르렀으니 이 세상의 임금이 쫓겨나리라"(요 12:31).

이 말씀에서 우리는 적그리스도가 ① 거짓 그리스도들의 형태로 ② 세상 임금의 형태로 출현할 것임을 알게 된다. 여기서 말하는 '거짓 그리스도들'이 적그리스도인 이유와 또 거짓 그리스도는 복수로, 세상 임금은 단수로 쓰인 이유는 다음 사도 요한의 예언을 보면 알게 될 것이지만 여기서 한마디로 지적하고 넘어간다면 ① 거짓 그리스도들이 적그리스도인 이유는 예수가 그리스도이심을 부인하여 미혹하는 자마다 적그리스도라고 하였기 때문이며(요이 7 참조), ② 거짓 그리스도는 복수로 표현된 반면 적그리스도는 단수로 표현된 이유는 적그리스도가 벌써 이 땅에 많은 거짓된 세력으로 나타난 것을 가리킴과 동시에 세상 종말에 거대한 세력으로 등장할 하나의 존재를 가르키는 말로 사용된 것이기 때문이다(요일 2:18; 4:3 참조).

3) 사도 바울의 예언 - 자칭 하나님(종교적 왕)

- "누가 어떻게 하여도 너희가 미혹되지 말라 먼저 배교하는 일이 있고 저 불법의 사람 곧 멸망의 아들이 나타나기 전에는 그 날이 이르지 아니하리니 그는 대적하는 자라 신이라고 불리는 모든 것과 숭배함을 받는 것에 대항하여 그 위에 자기를 높이고 하나님의 성전에 앉아 자기를 하나님이라고 내세우느니라"(살후 2:3, 4).

- "그 때에 불법한 자가 나타나리니 주 예수께서 그 입의 기운으로 그를 죽이시고 강림하여 나타나심으로 폐하시리라 악한 자의 나타남은 사탄의 활동을 따라 모든 능력과 표적과 거짓 기적과 불의의 모든 속임으로 멸망하는 자들에게 있으리니 이는 그들이 진리의 사랑을 받지 아니하여 구원함을 받지 못함이라"(살후 2:8-10).

우리가 이 예언에서 적그리스도에 대하여 알 수 있는 것은 ① 다니엘이나 예수님의 예언에서는 적그리스도가 '세상 임금'으로 예언된 데 반하여 여기서는 하나님의 성전에 군림하여 모든 능력과 표적을 행하여 하나님처럼 행세하는 종교적인 왕이라는 사실, ② 적그리스도는 '불법의 사람', 곧 '사람'이라는 사실, ③ 그 불법한 자 곧 '악한 자'는 사단의 역사를 받고 있다는 사실이다(9절). 우리는 9절에 '악한 자의 임함'이라는 말이 원어 성경에 '후 에스틴 헤 파루시아'(ou∞ e´stin hJ parousi÷a) 라고 표현되어 있는 것을 통해 8절에서 말하는 '불법한 자'를 가리켜 '그 악한 자의 임함'을 뜻한다는 사실을 알게 된다. 따라서 '그 악한 자' 곧 적그리스도는 사단의 역사를 따라 모든 능력과 표적을 행하는 자임을 알게 된다.

4) 사도 요한의 예언(Ⅰ) - 현재 나타난 적그리스도들

- "아이들아 지금은 마지막 때라 적그리스도가 오리라는 말을 너희가 들은 것과 같이 지금도 많은 적그리스도가 일어났으니 그러므로 우리가 마지막 때인 줄 아노라"(요일 2:18).
- "거짓말하는 자가 누구냐 예수께서 그리스도이심을 부인하는 자가 아니냐 아버지와 아들을 부인하는 그가 적그리스도니"(요일 2:22).
- "예수를 시인하지 아니하는 영마다 하나님께 속한 것이 아니니 이것이 곧 적그리스도의 영이니라 오리라 한 말을 너희가 들었거니와 지금 벌써 세상에 있느니라"(요일 4:3).
- "미혹하는 자가 세상에 많이 나왔나니 이는 예수 그리스도께서 육체로 오심을 부인하는 자라 이런 자가 미혹하는 자요 적그리스도니"(요이 1:7).

우리가 이 예언에서 적그리스도에 대하여 알 수 있는 것은 ① 적그리스도라는 말은 다니엘과 사도 바울이 예언한 것처럼 세상 종말에 나타날 정치적 종교적 특정 인물을 가리키는 좁은 의미 외에도, 일반적으로 예수께서 그리스도 이심을 부인하고 미혹하는 모든 자들을 총칭하는 넓은 의미로도 사용된다는 사실과 ② 이런 적그리스도는 이미 세상에 많이 존재한다는 사

실이다.

5) 사도 요한의 예언(II) - 미래에 나타날 적그리스도들

• "내가 보니 바다에서 한 짐승이 나오는데 ....용이 자기의 능력과 보좌와 큰 권세를 그에게 주었더라... 짐승이 입을 벌려 하나님을 향하여 비방하되 그의 이름과 그의 장막 곧 하늘에 사는 자들을 비방하더라 또 권세를 받아 성도들과 싸워 이기게 되고 각 족속과 백성과 방언과 나라를 다스리는 권세를 받으니 죽임을 당한 어린 양의 생명책에 창세 이후로 이름이 기록되지 못하고 이 땅에 사는 자들은 다 그 짐승에게 경배하리라"(계 13:1-8).

• "내가 보매 또 다른 짐승이 땅에서 올라오니 어린 양 같이 두 뿔이 있고 용처럼 말을 하더라 그가 먼저 나온 짐승의 모든 권세를 그 앞에서 행하고 땅과 땅에 사는 자들을 처음 짐승에게 경배하게 하니 곧 죽게 되었던 상처가 나은 자니라 큰 이적을 행하되 심지어 사람들 앞에서 불이 하늘로부터 땅에 내려오게 하고 짐승 앞에서 받은 바 이적을 행함으로 땅에 거하는 자들을 미혹하며 땅에 거하는 자들에게 이르기를 칼에 상하였다가 살아난 짐승을 위하여 우상을 만들라 하더라"(계 13:11-14).

우리가 이 예언에서 적그리스도에 대하여 알 수 있는 것은 ① 다니엘이 예언했던 세상 임금으로서의 적그리스도가 여기서는 첫째 짐승으로, 사도 바울이 예언했던 자칭 하나님(종교적 왕)으로서의 적그리스도는 두 번째 짐승으로 묘사되었다는 사실, ② 이 두 짐승 곧 세상 임금으로서의 적그리스도와 자칭 하나님으로서의 적그리스도는 다같이 용 곧 사단의 조종을 받고 있는 자들인 사실과(계 13:2, 11 참조), 그리고 ③ 이 두 적그리스도가 하나는 세상 권력을 잡고 또 하나는 종교계의 권력을 잡아 상호 협력하여 하나님의 나라를 대적한다는 사실이다.

6) 적그리스도에 대한 종합적인 개념

우리는 이상의 고찰에서 적그리스도에 대하여 다음과 같이 결론 지을 수 있다.

① 적그리스도라는 말은 넓은 의미와 좁은 의미로 사용된다.
　　넓은 의미 – 예수께서 그리스도이심을 부인하고 미혹하는 자들의 총칭(마 24:24; 요일 2:22; 4:3; 요이 1:7 참조).
　　좁은 의미 – 세상 종말에 나타나서 세상의 권세와 종교계의 권세를 장악하고 사단의 조종을 받아 하나님과 그 백성을 대적할 특정 인물(단 7:24-26, 11:36; 살후 2:3-10; 계 13:1-14 참조).
② 그리스도 재림의 징조로서의 적그리스도는 좁은 의미의 적그리스도이다.
③ 좁은 의미의 적그리스도는 (a) 세상 임금으로서의 적그리스도와 (b) 종교계의 권력자로서의 적그리스도가 있으며 후자는 전자를 보필하여 하나님의 나라를 대적한다.

4. 적그리스도의 출현을 허용하시는 목적

1) 불의를 좋아하는 자들의 심판을 위하여

- "악한 자의 나타남은 사탄의 활동을 따라 모든 능력과 표적과 거짓 기적과 불의의 모든 속임으로 멸망하는 자들에게 있으리니 이는 그들이 진리의 사랑을 받지 아니하여 구원함을 받지 못함이라 이러므로 하나님이 미혹의 역사를 그들에게 보내사 거짓 것을 믿게 하심은 진리를 믿지 않고 불의를 좋아하는 모든 자들로 하여금 심판을 받게 하려 하심이라"(살후 2:9-12).

2) 성도들의 인내와 믿음이 찬란한 빛을 발하게 하기 위하여

- "죽임을 당한 어린 양의 생명책에 창세 이후로 이름이 기록되지 못하

고 이 땅에 사는 자들은 다 그 짐승에게 경배하리라 누구든지 귀가 있거든 들을지어다 사로잡힐 자는 사로잡혀 갈 것이요 칼에 죽을 자는 마땅히 칼에 죽을 것이니 성도들의 인내와 믿음이 여기 있느니라"(계 13:8-10).

5. 적그리스도에 대하여 성도가 취할 자세

1) 미혹되지 말라.

- "그 때에 사람이 너희에게 말하되 보라 그리스도가 여기 있다 혹은 저기 있다 하여도 믿지 말라"(마 24:23).
- "그러면 사람들이 너희에게 말하되 보라 그리스도가 광야에 있다 하여도 나가지 말고 보라 골방에 있다 하여도 믿지 말라"(마 24:26).

2) 끝까지 참고 견디라.

- "그러나 끝까지 견디는 자는 구원을 얻으리라"(마 24:13).

3) 순교를 각오하고 신앙 정조를 지키라.

- "짐승의 우상에게 경배하지 아니하는 자는 몇이든지 다 죽이게 하더라"(계 13:15).

암행어사 이몽룡의 올 시간이 가까울 때, 변 사또의 포악은 극도에 달하였고 정조를 지키는 춘향의 고통도 절정에 달하였으나 드디어 암행어사 이몽룡이 출현했을 때 춘향의 정조는 그 두 사람과 모든 사람에게 얼마나 기쁨과 행복을 안겨주었으며 얼마나 아름다운 장면을 만들어 내었던가! 우리 성도들은 잠시 잠간 후면 신랑 되신 예수님이 오실 약속을 받고 있다. 무서운 적그리스도의 마지막 절정에 달한 핍박 앞에서 끝까지 정조를 지키자. 잠시 후면 신랑되신 주님이 오셔서 우리의 눈물을 닦아 주시고 의의 면류관, 생명의 면류관을 씌워 주시며 영원한 행복의 나라로 우리를 데리고 가실 것이다.

제3절 재림의 시기

우리는 전 절에서 그리스도의 재림을 알리는 징조로서 어떤 것들이 있는가를 살펴보았다. 그러면 주님은 언제 재림하실 것인가? 앞에서 말한 바와 같이 그 날과 시는 알지 못한다(마 24:36 참조). 그러나 우리가 여기서 재림의 시기에 관하여 살펴보고자 하는 것은 성경에 계시된 두 가지 사건과의 관련에서이다. 즉 첫째는 그리스도의 재림이 천년왕국 전인가 후인가 하는 문제이고, 둘째는 그리스도의 재림이 대환란 전인가 후인가 하는 문제이다. 이 문제에 관하여 자세한 내용을 살펴보자.

I. 천년왕국 전인가 후인가?

1. 천년왕국이란?

- "또 내가 보좌들을 보니 거기에 앉은 자들이 있어 심판하는 권세를 받았더라 또 내가 보니 예수를 증언함과 하나님의 말씀 때문에 목 베임을 당한 자들의 영혼들과 또 짐승"(계 20:4).

이 성구에서 보는 바와 같이 성경은 그리스도께서 천 년 동안 왕노릇하실 것을 예언하고 있는데 이것을 가리켜 천년왕국이라고 한다. 그런데 그리스도께서 이 천년왕국 전에 재림을 하시는가 아니면 그 후에 재림하시는가 하는 문제점에 대하여 견해가 갈라지고 있다.

2. 천년기 전이라는 견해

이 견해는 그리스도께서 천년왕국 전에 재림하시어서 그 왕국을 다스릴 것이라고 보는 견해이다. 이 견해를 가리켜 천년기 전 재림론이라고 한다.

3. 천년기 후라는 견해

이 견해는 천년왕국을 지상에서 세상 끝 부분의 일천 년 동안 있을 복음의 황금기라고 보고 그리스도께서 그 후에 재림하실 것이라는 견해이다. 이 견해를 가리켜 천년기 후 재림논이라고 한다.

4. 천년기가 없다는 견해

이 견해는 계 20:1-6에 예언된 천년왕국을 그리스도의 초림으로부터 재림 때까지의 기간으로 보고 여자적(如字的)인 특수 기간으로서의 일천 년으로 보지 않는다. 이 견해를 무천년설이라 한다.

이 견해들 가운데 어느 것이 옳은가 하는 문제는 다음 장에서 다루어질 것이다.

II. 대환난 전인가 후인가?

1. 대환난이란?

성경은 세상 종말에 창세 이후로 없었던 큰 환난이 있을 것임을 예언하고 있다. 이러한 환난을 대환난이라고 하는데 이 환난은 마 24:4-14; 살후 2:1-12; 계 8:-16: 등에 예언되어 있다. 그런데 그리스도의 재림이 이 대환난 전인가 후인가 하는 문제에 대하여도 견해가 엇갈린다.

2. 대환난 전이라는 견해

이 견해는 세대주의적 천년기 전 재림론이라고 하는데 이들에 의하면 그리스도께서는 대환난 전에 공중 재림을 하시어서 성도들을 부활시켜 공중으로 끌어오리신다고 한다. 그리고 대환난 기간이 지난 다음 다시 지상 재림을 하시어서 천 년 동안 통치하신다고 한다.

제4절 재림의 양식과 목적

I. 재림의 양식

그리스도의 재림은 어떤 모양으로 이루어질 것인가? 그 양식을 우리는 성경의 진술을 통하여 다음과 같이 요약할 수 있다.

1. 자신적 강림

- "너희 가운데서 하늘로 올려지신 이 예수는 하늘로 가심을 본 그대로 오시리라 하였느니라"(행 1:11).

이 성구에서 예수님은 하늘로 가심을 본 그대로 오실 것이라고 하였는데 하늘로 올라가신 분은 누구인가? 그분은 친히 인간의 몸을 입고 이 땅에 내려오셔서 십자가에 죽으신 바로 그분이 아니신가? 이 땅에 다른 대리자를 통하여서가 아니라 자신이 직접 초림하신 것과 마찬가지로 재림도 자신이 직접 하실 것이다.

2. 육체적 강림

"하늘로 가심을 본 그대로 오시리라"(행 1:11)고 하였는데 이 말씀은 그리스도의 재림이 육체적일 것을 말해 준다. 왜냐하면 그리스도께서는 부활하신 육체를 가지고 승천하셨기 때문이다.

3. 가견적(可見的) 강림

"이 말씀을 마치시고 저희 보는 데서 올리워 가시니"(행 1:9)라고 하였으며 또한 "하늘로 가심을 본 그대로 오시리라"(행 1:11)라고 하였으니 그리스도의 재림은 모든 사람들이 볼 수 있도록 이루어질 것이다.

그러므로 사도 요한은 이렇게 말한다.

"볼지어다 그가 구름을 타고 오시리라 각 사람의 눈이 그를 보겠고 그를 찌른 자들도 볼 것이요 땅에 있는 모든 족속이 그로 말미암아 애곡하리니 그러하리라 아멘"(계 1:7).

4. 돌연적 강림

- "보라 내가 도둑 같이 오리니 누구든지 깨어 자기 옷을 지켜 벌거벗고 다니지 아니하며 자기의 부끄러움을 보이지 아니하는 자는 복이 있도다"(계 16:15).

- "이러므로 너희도 준비하고 있으라 생각하지 않은 때에 인자가 오리라"(마 24:44).

- "주의하라 깨어 있으라 그 때가 언제인지 알지 못함이라"(막 13:33).

이러한 성구들은 그리스도께서 세상 사람들이 예상치 못한 때에 홀연히 재림하실 것을 가리켜 주고 있다.

5. 영광과 승리의 강림

- "그 때에 인자의 징조가 하늘에서 보이겠고 그 때에 땅의 모든 족속들이 통곡하며 그들이 인자가 구름을 타고 능력과 큰 영광으로 오는 것을 보리라 그가 큰 나팔소리와 함께 천사들을 보내리니 그들이 그의 택하신 자들을 하늘 이 끝에서 저 끝까지 사방에서 모으리라"(마 24:30, 31).

- "환난을 받는 너희에게는 우리와 함께 안식으로 갚으시는 것이 하나님의 공의시니 주 예수께서 자기의 능력의 천사들과 함께 하늘로부터 불꽃 가운데에 나타나실 때에 하나님을 모르는 자들과 우리 주

예수의 복음에 복종하지 않는 자들에게 형벌을 내리시리니"(살후 1:7, 8).

- "주께서 호령과 천사장의 소리와 하나님의 나팔 소리로 친히 하늘로부터 강림하시리니 그리스도 안에서 죽은 자들이 먼저 일어나고"(살전 4:16).

이러한 성구들에서 보는 바와 같이 그리스도는 천사장의 나팔 소리와 함께 천군 천사의 엄위를 받으며 능력과 영광과 심판의 권세를 가지고 재림하신다.

6. 완성적 강림

- "주께서 호령과 천사장의 소리와 하나님의 나팔 소리로 친히 하늘로부터 강림하시리니 그리스도 안에서 죽은 자들이 먼저 일어나고 그 후에 우리 살아 남은 자들도 그들과 함께 구름 속으로 끌어 올려 공중에서 주를 영접하게 하시리니 그리하여 우리가 항상 주와 함께 있으리라"(살전 4:16, 17).

- "인자가 자기 영광으로 모든 천사와 함께 올 때에 자기 영광의 보좌에 앉으리니 모든 민족을 그 앞에 모으고 각각 구분하기를 목자가 양과 염소를 구분하는 것 같이 하여 양은 그 오른편에 염소는 왼편에 두리라"(마 25:31-33).

이 성구들에서 보는 바와 같이 그리스도의 재림은 성도들의 구원 완성과 악인들의 최종 심판을 위한 것이다. 그러므로 그리스도의 재림은 완성적 강림이라고 할 수 있다.

II. 재림의 목적

그리스도께서는 왜 재림을 하시는가? 재림하시어서 어떤 일을 하실 것인가? 성경의 진술을 따라 그 내용을 살펴보면 다음과 같다.

1. 의인의 부활을 위하여

- "이를 놀랍게 여기지 말라 무덤 속에 있는 자가 다 그의 음성을 들을 때가 오나니 선한 일을 행한 자는 생명의 부활로, 악한 일을 행한 자는 심판의 부활로 나오리라"(요 5:28, 29).
- "그러나 각각 자기 차례대로 되리니 먼저는 첫 열매인 그리스도요 다음에는 그가 강림하실 때에 그리스도에게 속한 자요"(고전 15:23).
- "주께서 호령과 천사장의 소리와 하나님의 나팔 소리로 친히 하늘로부터 강림하시리니 그리스도 안에서 죽은 자들이 먼저 일어나고"(살전 4:16).

이와 같은 그리스도의 재림의 첫째 목적은 그리스도 안에서 죽은 자들의 육체를 부활시키는 일이다.

2. 생존 성도의 변형과 휴거를 위하여

- "보라 내가 너희에게 비밀을 말하노니 우리가 다 잠 잘 것이 아니요 마지막 나팔에 순식간에 홀연히 다 변화되리니 나팔 소리가 나매 죽은 자들이 썩지 아니할 것으로 다시 살아나고 우리도 변화되리라"(고전 15:51, 52).
- "주께서 호령과 천사장의 소리와 하나님의 나팔 소리로 친히 하늘로부터 강림하시리니 그리스도 안에서 죽은 자들이 먼저 일어나고 그 후에 우리 살아 남은 자들도 그들과 함께 구름 속으로 끌어 올려 공중에서 주를 영접하게 하시리니 그리하여 우리가 항상 주와 함께 있으리라"(살전 4:16, 17).

이와 같이 그리스도의 재림의 두 번째 목적은 재림 당시에 살아서 신앙 생활을 하는 성도들을 죽음없이 신령한 몸으로 변화시켜 구름 속으로 끌어올려 공중에서 주님을 영접하게 하는 일이다.

3. 어린 양의 혼인잔치를 위하여

어린 양의 혼인 잔치란 그리스도와 성도들의 기쁨의 연합을 말한다. 이 혼인 잔치는 열 처녀 비유에서 나타난다(마 25:1-13).

4. 성도들에게 상을 베풀기 위해

- "이제 후로는 나를 위하여 의의 면류관이 예비되었으므로 주 곧 의로우신 재판장이 그 날에 내게 주실 것이며 내게만 아니라 주의 나타나심을 사모하는 모든 자에게도니라"(딤후 4:8).

5. 악의 세력을 파멸하기 위하여

대환난 후에 그리스도께서 재림하시면 1) 짐승과 거짓 선지자와 그들의 군대를 파멸하실 것이며(계 19:19-21; 살후 2:8 참조), 2) 사단을 결박하여 무저갱에 던지실 것이다(계 20:1, 2 참조).

《《연습문제》》

1. 그리스도 재림 교리의 중요성은 무엇인가?

2. 그리스도 재림의 확실성을 말하라.

3. 그리스도 재림 전 일어날 몇 가지 징조를 약술하라.

4. 재림의 시기에 대해 말하라.

5. 재림의 양식을 말하라.

6. 재림의 목적을 말하라.

제 2 장 천년왕국론

제 1 절 예비적 고찰

I. 문제의 초점 – 요한계시록 20:1-6의 해석 문제

우리는 앞에서 재림의 시기와 관련하여 여기서 다루어질 천년기에 대한 이론들을 약간 언급하였다.

그러면 천년왕국에 대하여 여러 학설이 나뉘어 엇갈린 주장을 하는 그 문제의 초점은 무엇인가? 문제의 초점은 요한계시록 20:1-6의 해석이다. 이 성구에 천 년이 나오고 특히 "그리스도로 더불어 천 년 동안 왕노릇 하리라"(계 20:4), "천년 동안 그리스도로 더불어 왕노릇 하리라"(계 20:6)는 말씀이 나오는데,

① 이 천년왕국이 여자적인 것인가 상징적인 것인지,
② 세상 종말에 일어날 것으로 예언된 다른 사건들과의 관계에서 그 선후관계는 어떻게 되는지,
③ 특히 그리스도의 재림 사건과 관련하여 이 천년왕국이 있은 후에 재림하시는지 아니면 재림하셔서 천년 동안 왕노릇 하시는지가 문제의 초점이 되고 있다.

II. 네 가지 견해

위와 같은 문제를 놓고 네 가지 엇갈린 주장이 있는데 다음과 같다.

1. 무천년기 재림론

무천년기 재림론이란 "천 년 동안 왕노릇하리라"(계 20:4)는 말씀에서 '천년'을 여자적으로 보지 않고 그리스도의 초림으로부터 재림 사이의 전체 기간을 가리키는 상징적인 기간으로 보는 견해이다.

2. 천년기 후 재림론

천년기 후 재림론이란 천 년 동안(어쩌면 그보다 긴 시간일지도 모르는) 그리스도의 복음이 세계의 거의 모든 사람들에게 받아들여진 황금시대가 있은 후에 그리스도께서 재림하실 것이라고 보는 견해이다.

3. 세대주의적 천년기 전 재림론

세대주의적 천년기 전 재림론이란 소위 세대주의자(Dispensationailst)들이 취하는 견해를 말한다. 이들은 성경을 문자적, 기계적으로 취급하여 구약시대를 5시대로, 신약 시대를 2시대로 구분하는 일곱 시대의 원리로 해석하는 자들이다. 그리하여 그리스도의 재림을 전후하여 성경에 예언된 사건들도 전부 여자적으로만 해석하여 복잡하게 여러 사건의 순서를 기계적으로 정하여 놓고 있다.

이들은 그리스도의 재림도 공중 재림과 지상 재림으로 구분하여 있는데 지상 재림하신 후 천 년 동안 그리스도께서 왕노릇하실 것이라고 한다. 그 자세한 내용은 다음에 다시 밝혀질 것이다.

4. 역사적 천년기 전 재림론

역사적 천년기 전 재림론이란 천년기 전에 그리스도께서 재림하셔서 천

년 동안 왕노릇하실 것이라고 보는 견해이다.
이제 각 견해들의 주장 내용을 살펴보고 그에 대한 비판을 하여 보자.

제 2 절 무천년기 재림론

I. 도표

각 견해의 내용을 말로 설명하기에 앞서서 먼저 도표를 통하여 보는 것이 이해가 빠를 것이다. 무천년기 재림론을 도표로 표시하면 다음과 같다.

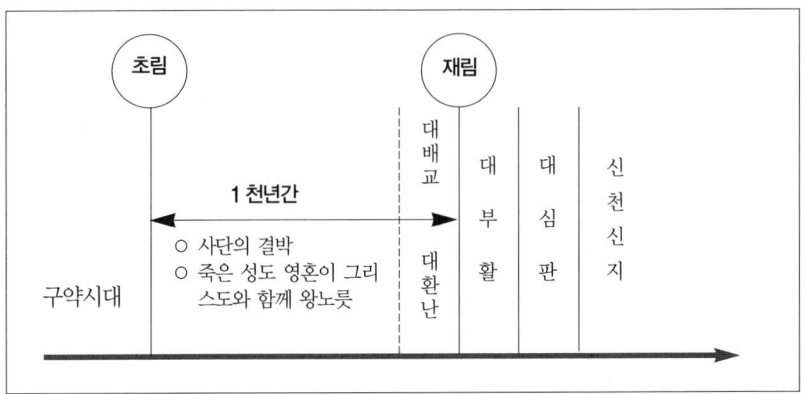

II. 주장의 요지

1. 주장의 요지

1) 천년이란?
천년왕국(계 20:4, 6)에서 천년은 완전한 기간, 곧 그리스도의 초림과 재림 사이의 완전한 기간을 뜻한다.

2) 천년왕국이란?
그 천 년 동안에 육체를 떠난 성도들의 영혼이 천국에서 그리스도와 함께 영적으로 왕노릇하는 것을 뜻한다.

(3) 조건의 진행 순서

① 천년왕국 기간(그리스도의 초림과 재림 사이)

이 기간은 "옛 뱀이요 마귀요 사단"(계 20:2)을 "일천년 동안 결박하여 무저갱에 던져 잠그고 그 위에 인봉하여 천년이 차도록 다시는 만국을 미혹하지 못하게"(계 20:2, 3) 한 기간이다.

이 사실은 다음과 같은 성구에서 증명된다.

- "예수께서 이르시되 사탄이 하늘로부터 번개 같이 떨어지는 것을 내가 보았노라"(눅 10:18).

- "이제 이 세상에 대한 심판이 이르렀으니 이 세상의 임금이 쫓겨나리라"(요 12:31).

그러나 사단의 세력은 완전 제거된 것이 아니요 결박된 상태, 곧 그 세력이 매우 축소된 상태이며 따라서 악의 세력이 이 기간 동안에 남아 있다. 그리고 이 기간 동안에 죽은 성도들의 영혼은 천국에서 그리스도와 더불어 왕노릇하는데 이것이 계시록 20:5에서 말하는 "첫째 부활"이다. 즉 첫째 부활은 육체적 부활이 아니라 영적인 부활이다.

② 대배교와 대환난
- "무저갱에 던져 넣어 잠그고 그 위에 인봉하여 천 년이 차도록 다시는 만국을 미혹하지 못하게 하였는데 그 후에는 반드시 잠깐 놓이리라"(계 20:3).

결박되었던 사단이 천년기가 끝날 무렵, 즉 세상 종말에 이르러 잠깐 놓임으로 말미암아 대배교와 대환난의 시대가 다가온다.

③ 그리스도의 재림

대배교와 대환난이 있은 후 천년기가 끝나게 되면 그리스도께서 재림하신다.

④ 대 부활과 성도의 휴거

그리스도께서 재림하시면 신자나 불신자나 모든 죽은 자들이 구원 또는 심판을 받기 위하여 부활한다. 그리하여 이 때에 죽었다가 부활한 성도들과 생존한 성도들이 신령한 몸을 입고 그리스도를 영접하기 위하여 휴거 곧 공중으로 끌어올림을 받는다(살후 4:17 참조).

⑤ 이스라엘의 대거 회심과 휴거

이 놀라운 격변 속에서 유대인들은 "그를 찌른 자들도 볼터이요"(계 1:7) 라고 한 말씀대로 그리스도를 보고 회개하여, 생존한 성도들과 마찬가지로 공중으로 끌어올림을 받는다. 그러나 이 주장을 무천년기 재림론자들 가운데 인정하는 자도 있고(Hamilton), 부정하는 자도 있다(Louis Berkhof).

⑥ 대 심판

성도들이 부활하여 휴거된 후에 남은 일은 부활한 악인들에 대한 심판 뿐이다. 피택자의 수가 완전히 찼으므로 더 이상 구원이 없다. 악인들은 심판을 받고 "둘째 사망 곧 불못"(계 20:14)에 던지움을 받는다.

⑦ 영원 천국

대 심판이 끝난 후 하나님의 영원한 왕국은 신천신지에 건설될 것이며 이것은 영원히 계속될 것이다.

2. 주장자

무천년기 재림론을 주장하는 사람들은 다음과 같다. 아브라함 카이퍼(Abraham Kuyper), 헬만 바빙크(Herman Bavinck), 벌콥(Louis Berkhof), 보스(Geerhardus Vos), 피터스(Albertus Pieters), 해밀톤(Floyd E. Hamilton), 머레이(George L. Murray), 룻걸스(William H. Rutgers), 와인갈든(Martin J.

Wyngrarden), 헨드릭슨(William Hendriksen), 매스링(William Masselink), 그리어(William J. Grier) 등이다.

III. 무천년기 재림론자의 계 20:1-6의 해석

우리는 위에서 무천년기 재림론자들이 주장하는 요지가 무엇인가를 보았다. 위와 같은 이론이 펼쳐질 수 있는 핵심적인 열쇠는 결국 계시록 20:1-6의 해석 여하에 달린 것이다. 과연 무천년기 재림론자들은 이 성구를 어떻게 해석하는가? 필자는 여기서 무천년기 재림론자인 후크마(Anthony A. Hoekema) 교수의 해석을 요약하여 소개하고자 한다.

1. 요한계시록의 구분

요한 계시록은 다음과 같은 7부분으로 구성되어 있다.[46)]
1) 1장-3장, 부활하신 예수님의 7촛대 사이의 왕래
2) 4장-7장, 7인(印)에 대한 환상
3) 8장-11장, 7나팔 심판
4) 12장-14장, 여자가 나은 아들을 용이 삼키려 함
5) 15장-16장, 하나님의 진노가 최후적으로 임함
6) 17장-19장, 바벨론과 짐승들의 멸망
7) 20장-22장, 용의 마지막 운영 및 그리스도의 승리

2. 요한계시록 20:1-6의 의미

여기서 1-3절은 사단의 결박에 대하여, 4-6절은 죽은 성도들의 천 년 동안의 왕노릇에 대하여 말한다.

① 계시록의 7번째 부분, 즉 20-22장은 그리스도 재림 이후의 사건에 대

---

46) Robert G. Clouse, edited, *The Meaning of Milleniem* (IVP, 1979), pp. 154-172.

한 설명이 아니다. 오히려 계시록 20:1은 우리를 신약의 시대의 초기로 환원시킨다.

② 계시록 20:1-3의 사단의 결박이 이미 그리스도의 초림으로부터 시작되었다는 것을 다음 성구에서 알 수 있다.

- "주여 주의 이름이면 귀신들도 우리에게 항복하더이다 예수께서 이르시되 사탄이 하늘로부터 번개 같이 떨어지는 것을 내가 보았노라"(눅10:17, 18).

- "이제 이 세상에 대한 심판이 이르렀으니 이 세상의 임금이 쫓겨나리라"(요 12:31).

그러므로 계시록 20:1-3의 사단의 결박이란 우리가 지금 살고 있는 복음시대 동안에 사단의 영향력이 너무나 축소되어 사단은 이제 복음이 여러 나라로 퍼져 나가는 것을 방해할 수 없게 된 것으로 본다.

③ '일천 년'의 해석

'일천'이란 숫자는 여자적으로 해석되어서는 안 된다. 10이라는 숫자는 완전성을 의미하고 1000은 10의 세제곱이므로 하나의 완전한 기간, 곧 길이가 불확정한 매우 긴 기간으로 보아야 한다.

④ 계시록 20:1-3의 일천년과 계시록 20:4-6의 일천 년은 동일 시대이다.
같은 일천 년 동안에, 즉 그리스도의 초림과 재림 사이의 기간에 사단이 결박되어 있음(계 20:1-3)과 동시에 그리스도 안에서 죽은 성도들은 천국에서 왕노릇한다(계 20:4-6).

⑤ 성도들이 왕노릇하는 곳이 천국임은 다음 사실에서 추정된다.
계시록에 '보좌'라는 단어가 47번 나오는데 이들 중에 셋은(2:13, 13:2, 16:10)하늘에 있는 것 같다고 지적했다. 이에 덧붙여 우리가 사도 요한이 "목 베임을 당한 자들의 영혼"을 보았다는 사실을 고려해 볼 때, 우리는 사도 요한이 본 환상의 현장이 이제 하늘로 바뀌었다는 결론을 확신하게 된다.

IV. 비판

필자는 천년왕국의 문제에 대하여 역사적 천년기 전 재림론의 입장을 취하고 있는 박형룡 박사와 래드(George E. Ladd) 교수의 견해를 따르면서 이분들의 비판으로 무천년기 재림론에 대한 비판을 삼고자 한다.

1. 계시록 20:1-6의 해석에 대한 래드(George E. Ladd) 교수의 비판

래드 교수는 후쿠마(Hoekema) 교수의 계시록 20:1-6의 해석이 잘못되었음을 다음과 같은 요지로 비판하고 있다.[47]

1) 계시록 20:1-3의 사단의 결박은 마태복음 12:29의 사단의 결박과 다르다. 나는 후크마의 계시록 20장에 대한 주해를 제외하고는 실제적으로 그가 서술한 내용 전체에 동의한다. 마태복음 12:29은 그리스도의 지상사역인 하나님의 나라가 역사 속으로 침입했음을 의미하며 동시에 그 결과 마귀가 결박되었음을 의미한다고 하는 그의 주장에 동의한다. 그러나 이것은 계시록 20장의 사단의 결박과는 다르다. 전자는 개개 남녀들이 사단의 통제로부터 구원받기 위하여 사단의 권세를 파하는 것을 의미한다. 후자의 결박은 그 사단이 열국을 더 이상 미혹하지 못함을 의미한다.

2) "목 베임을 받은 자의 영혼들"(계 20:4)이 있는 곳이 하늘임을 입증하지 못한다.

사실상 요한계시록을 통하여 요한이 언제 하늘에 있었고 또 언제 땅에 있었는지를 만나는 일은 매우 힘들다. 그러나 이 문맥에서 요한은 분명히 자신은 한 천사가 하늘로부터 내려옴을 보았다(계 20:1)고 말하며 이것에 의해 그 장면이 하늘에서 땅으로 바뀌었음을 긍정한다. 그리고 우리가 믿는 대로 만일 "그들이 살아서"(계 20:4)라는 구절이 육체적 부활을 의미한다면 그 때 그 현장은 지상이다.

---

47) Ibid., pp. 189-191.

3) 요한계시록 19장과 20장은 계시의 연속이지 반복이 아니다.

계시록 19장과 20장은 내용상 연속인 것으로 보이며 악의 삼두정치(첫째는 짐승, 다음은 거짓 선지자, 그 다음은 이 두 세력의 배후에 있는 악마)의 박멸 사건에 대하여 기술하고 있다. 20장에 19장의 내용이 반복하여 개괄되고 있다는 암시는 전혀없다.

4) "그들이 살아서"(계 20:4)라는 말이 죽음 후의 영적 생명을 뜻하지 않는다.

후크마는 천 년 동안 왕노릇한다는 말을 초림과 재림 사이의 기간으로 보기 위하여 이 말을 "죽은 자의 영혼이 살아서"라는 의미 곧 영적 부활로 보았으나 이것은 잘못이다. "살아서"(Ezesan)라는 단어가 죽음 후의 생명을 가리키는 말로 결코 사용되지 않았다. 이 단어는 영적으로 살아나는 경우에만 사용될 수 있다(요 5:25 참조). 그리고 육체적인 부활을 할 때에만 사용된다(마 9:18; 행 9:41; 20:12; 눅 24:5, 23; 행 1:3; 롬14:9; 고후 13:4 참조).

5) "첫째 부활"(계 20:5, 6)은 영적 부활이 아니다.

이 단어는 보통 육체의 부활을 언급하는 것으로 이해되어 왔다. 후크마는 계시록 20:5도 6절도 육체적 부활을 언급하지 않는다고 주장한다. 나는 그의 해석을 따를 수 없다. 그는 그 구절을 "믿지 않고 죽은 자들은…이 천년 기간 동안 살아서 그리스도와 더불어 다스리지 못한다"는 뜻으로 본다.

그러나 이것은 본문이 의미하는 내용이 아니다. "그 나머지 죽은 자들은 천년이 차기까지 살지 못하더라"(계 20:5)는 말씀을 자연스럽게 읽어보면 천년 후에 그 나머지 죽은 자들이 살아남이 명백하다. '까지'라는 단어는 이러한 뜻을 내포한다. 본문의 자연스런 의미를 회피하려는 후크마의 노력은 결코 설득력이 없다. 그래서 나는 여전히 확신있는 천년기 전 재림론에 머물겠다.

2. 박형룡 박사의 비판

박형룡 박사는 무천년기 재림론에 대하여 다음과 같은 요지로 비판하였다.[48]

1) 영해(靈解)의 과도(過度)

이들이 계시록 20:1-6의 내용을 그들의 이론에 맞추기 위하여 지나치게 영적으로 해석하였다. 즉 명확한 연수인 '천년간'을 '완전한 시기'로 보아 버리고 또 '첫째 부활'을 '영적인 부활'로, '무저갱'을 '억압 상태'로 보고 있다. 같은 문장에서 첫째 부활을 영적인 부활로, 둘째 부활을 육체적인 부활로 해석한다는 것은 인위적인 해석이 아닐 수 없다.

2) 영원한 왕국과 밀과 가라지 비유의 편협한 해석

그리스도의 왕국은 성경에서 영원한 왕국으로 제시되었으나, 그 왕국의 과정에 혹은 그것을 향한 준비적 계단으로 천년기가 삽입된다는 계시록의 첨부된 설명이 허용되지 못할 이유는 없다. 또한 마태복음 13장의 알곡과 가라지 비유는 신자와 불신자가 심판날까지 세상에 함께 존재할 것을 예시한다 하더라도 그 일반적인 예시에서 한걸음 더 나아가 특별 기간이 최종 심판 전에 천년기의 지복(至福) 시대가 개입될 것을 예언할 수 없는 것은 아니다.

3) 말세 예언들을 설명하지 못하거나 오해한다.

무천년기 재림론은 말세에 관한 많은 예언들을 설명하지 못한채로 버려두게 되는 약점을 가진다. 구약과 신약에 나타난 왕국에 대한 많은 예언들은 어떤 종류의 미래 황금 시대를 예고하는 것이 아닌가?

또 계시록 20:1-3의 사단의 결박을 마태복음 12:29의 말씀과 동일시하여 그리스도의 속죄 사역으로 말미암아 초림과 재림 사이에 복음이 전 세계적으로 전파될 수 있는 상태를 말한다고 하였는데 그렇다면 계시록 20:3, 7에 말한 사단의 '놓음'은 그리스도의 속죄 사역이 일시적이나마 무교화된다는 뜻이 된다. 그렇다면 그리스도의 속죄 사역의 효과가 중단될 수 있는가?

[48) 박형룡, 교의신학, 내세론(은성문화사, 1974). pp. 235-237.

제 3 절 천년기 후 재림론

I. 도표

천년기 후 재림론을 도표로 표시하면 다음과 같다.

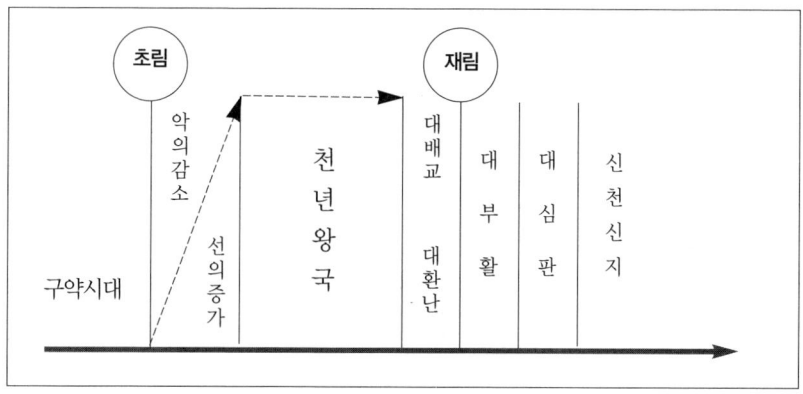

II. 주장의 요지 및 주장자

1. 주장의 요지

1) 천년이란?

천년왕국에서 천 년이란 세상 종말기의 명확하지 않은 오랜 기간으로서 아마 문자적 천 년보다 훨씬 더 오랜 세월일 것이다.

2) 천년왕국이란?

그 천 년 동안은 복음이 전 세계에 전파되어 참종교가 크게 소성하는 복음의 황금시대일 것인데 이것이 천년왕국이다. 이 시대는 현재 우리가 사는 세계와 본질적으로 다르지 않다. 그 때에도 혼인과 가정 제도 등이 계속되되 복음으로 말미암아 현재보다 훨씬 이상적인 세계가 될 것이다. 그리고 이 천년기는 알지 못할 정도로 점진적으로 올 것이다.

   3) 사건의 진행 순서

   ① 점진적 향상의 시대
      오순절 이후의 신약시대는 악이 점점 감소되고 그리스도의 복음이 점점 확장되어 선이 점점 증대되는 시대이다.
   ② 천년왕국 시대
      그리스도의 복음이 전 세계에 전파되어 거의 모든 사람들이 참신자가 되는 이상적인 시대가 올 것인데 이 불확정한 기간이 천년왕국 시대이다.
   ③ 대배교와 대환난의 시대
      천년왕국의 말기와 그리스도의 재림 사이에 마귀에게 자유를 주어 잠시 동안 활동하게 하실 것이다(계 20:7-10 참조).
   ④ 그리스도의 재림
      대배교와 대환난 후 그리스도는 재림하실 것이다.
   ⑤ 대부활
      선악 간에 죽은 자들이 구원 또는 심판을 받기 위하여 부활할 것이다.
   ⑥ 대심판
      대심판을 통하여 악인들은 영원한 형벌에 들어갈 것이다.
   ⑦ 영원천국
      대심판이 끝난 후 하나님의 영원한 왕국은 신천신지에 건설될 것이다.

2. 주장자

천년기 후 재림론을 주장하는 사람들은 다음과 같다. 뵈트너(Loraine Boettner), 스트롱(August H. Strong), 찰스 하지(Charles Hodge), A.A. 하지(Archibald A. Hodge), C.W. 하지(Caspor Wistor Hodge), 쉐드(Shedd), 댑네(L. Dabney), 워필드(Benjamin B. Warfield).

III. 천년기 후 재림론자의 변론

우리는 위에서 천년기 후 재림론의 요지를 보았다. 이제 우리는 천년기 후 재림론자의 이 견해에 대한 변론을 직접 들어보자. 필자는 여기서 로레인 뵈트너 교수의 글을 발췌하여 소개하고자 한다.[49]

1. 천년기 후 재림론에서 '천년'의 개념

천년기 후 재림론자들이 기대하는 천년왕국은 현세대, 즉 교회시대 동안에 누릴 영적으로 번영된 황금시대이다. 이 왕국은 지금 이 세상에서 적극적으로 활동하는 복음 전파에 의하여 이루어질 것이며, 매우 긴 시간, 아마도 여자적인 천년보다 훨씬 긴 기간 동안 계속될 것이다.

2. 성경적 근거

1) 그리스도의 지상명령
그리스도의 복음이 세계 모든 나라의 대부분 백성들에게 전파될 것은 그리스도의 지상명령에서 알 수 있다.

"예수께서 나아와 말씀하여 이르시되 하늘과 땅의 모든 권세를 내게 주셨으니 그러므로 너희는 가서 모든 민족을 제자로 삼아 아버지와 아들과 성령의 이름으로 세례를 베풀고 내가 너희에게 분부한 모든 것을 가르쳐 지키게 하라 볼지어다 내가 세상 끝날까지 너희와 항상 함께 있으리라 하시니라"(마 28:18-20).

2) 하나님은 만국의 하나님이시다.
여호와는 한 종족의 하나님일 뿐만 아니라 온 땅의 큰 임금(시 47:2)

---

49) Robert G. Clouse, edited, *The Meaning of Millennium* (IVP., 1979), pp. 117-142.

이시며 온 땅의 하나님(시 97:5)이시다.

  3) 복음은 범세계적인 메시지이다.
    "내가 에브라임의 병거와 예루살렘의 말을 끊겠고 전쟁하는 활도 끊으리니 그가 이방 사람에게 화평을 전할 것이요 그의 통치는 바다에서 바다까지 이르고 유브라데 강에서 땅 끝까지 이르리라"(슥 9:10).

  4) 구원받은 자는 소수가 아니다.
    "이 일 후에 내가 보니 각 나라와 족속과 백성과 방언에서 아무도 능히 셀 수 없는 큰 무리가 나와 흰 옷을 입고 손에 종려 가지를 들고 보좌 앞과 어린 양 앞에 서서 큰 소리로 외쳐 이르되 구원하심이 보좌에 앉으신 우리 하나님과 어린 양에게 있도다 하니"(계 7:9~10).

  5) 천국은 넓은 곳으로, 지옥은 좁은 곳으로 묘사되었다.
  천국은 '다음 세계', '큰 왕국', '나라', '성'으로 묘사되었다. 반면에 지옥은 비교적 작은 장소, 이를테면 '감옥'(불과 유황의), '못' '무저갱'(깊고 좁은) 등으로 표현되었다.

IV. 비판

  1. 위에서 본 뵈트너 교수의 글에 대하여 래드(George Eldon Ladd) 교수는 다음과 같은 요지로 비판하였다.[50]

  1) 성경 자체에 거의 호소하지 않는다.
  뵈트너의 글은 성경 자체에 거의 호소하지 않기 때문에 비판할 건덕지가 없다.

---

50) Ibid., p. 143.

2) 이 세상은 오히려 점점 악화되어 가고 있다.

이 세상이 점점 개선되어 가고 있다는 주장은 터무니 없는 것이다. 경험에 비추어 볼 때, 누구라도 이 세상은 점점 악화되어 가고 있다고 충분히 주장할 수 있다. 신약 시대의 초기에 그 당시의 문명권은 위대한 로마의 지배에 의한 평화(pax-Romana)를 누렸다. 이런 평화의 시대는 지금까지 두 번 다시 반복되지 않았다. 우리는 이 시대에 두 차례의 세계 대전을 경험하였고 소규모의 전쟁이 끝없이 계속되는 것을 보았다. 한국의 6 · 26 동란, 베트남전쟁, 중동전쟁, 아일랜드의 내란, 레바논 사태 등이 그것이다. 우리는 600만명의 유대인을 학살한 나치 정권과 이태리의 파시스트 정권의 붕괴를 목격했고 공산당 세력이 엄청난 세력을 떨치고 있는 현실을 보고 있다. 오늘날 이 세계는 문자 그대로 '화약창고'이다.

3) 문자적 해석이라는 비난은 오해이다.

뵈트너 교수는 우리의 천년기 전 재림론을 세대주의적 천년기 전 재림론으로 몰아 버리는 오류를 범하고 있다. 나의 논문이 보여 주듯이 나는 뵈트너 교수가 '천년기 전 재림론자'들에게 그 잘못을 돌린 그런 여자적인 해석법을 추구하지 않았다.

2. 천년기 후 재림론에 대하여 박형룡 박사는 다음과 같은 요지로 비판하였다.[51]

1) 계시록 20장의 오해

계시록 20장을 오해한 무천년기 재림론자들에 대한 비판은 천년기 후 재림론자들에게도 똑같이 가해져야 된다. 계시록에 상징적인 숫자들이 많은 것은 사실이지만 20장 첫머리에 6번이나 거듭 기록된 '천 년'을 상징적인 부정확한 기간으로 보아 그 숫자의 의미를 없애 버리는 것은 지나치게 담대한 영해이다.

순교자들이 그리스도와 함께 천년 동안 왕노릇하는 것을 중간기 상태로

---

51) 박형룡, 교의신학, 내세론(은성문화사, 1974), pp. 245-247.

만 보아 넘기는 것은 무리이다. 20장이 단순히 죽은 성도들의 영혼이 천국에 들어가 있는 상태를 말한 것 뿐이라면 "보좌에 앉은 자들이 심판하는 권세를 받았다" "살아서 천 년 동안…왕노릇한다", "나머지 죽은 자들은 그 천 년이 차기까지 살지 못한다", "이것이 첫째 부활이다"라는 등의 표현까지 해야 할 필요가 있겠는가? 이런 표현들은 분명히 어떤 사건의 진행 과정을 의중에 둔 표현임에 틀림없다.

2) 계시록 19장의 오해
천년기 후 재림론자들은 계시록 19장이 초림을 묘사하고 재림을 묘사하지 않는다고 한다. 그러나 분명 19장은 그리스도의 재림에 관한 예언이고 20장은 천년왕국에 대한 예언이다. 만일 19장을 초림으로 본다면 재림에 관한 예언은 찾아볼 곳이 없게 된다. 왜냐하면 20장에는 재림에 관한 언급이 없기 때문이다.

3) 재림 전 창성은 성경의 예언과 조화되지 않는다.
천년기 후 재림론은 복음이 세계에 점점 편만하여져서 복음의 꽃을 피우는 시대 곧 천년왕국이 도래할 것이라고 말하지만, 성경은 그리스도의 재림이 가까워지면 대 배교와 대 환난이 있을 것이며 불법이 성행하고 사랑이 식어지면 처처에 기근과 지진등 재난이 있을 것이고 거짓 선지자들이 많은 사람을 미혹할 것이며 성도들은 모든 민족에게 미움을 받을 것이라고 가르쳐 주고 있다(마 24:3-24 참조).

4) 격변없이 새 시대가 온다는 것은 비성경적이다.
이들은 알지 못할 정도의 점진적인 향상에 의하여 천년왕국이 도래할 것이라고 주장하지만 새 시대는 격변 속에 홀연히 도래한다는 것이 성경의 증언이다. 그 날은 "환난 후에 즉시"(마 24:29)로 임하며 도적과 같이 임한다(마 24:34; 계 3:3; 벧후 3:10 참조).

5) 자연적 진화와 인생의 노력은 그리스도의 세계를 맞아들이지 못한다.
이것은 자유주의 신학자들의 천년기 후 재림론자들에 대한 비판이다.

이들은 이 사회가 과학과 문명의 발전으로 이상적인 사회가 건설될 것이며 그것이 천년왕국이라고 주장하는데 이것은 비성경적이며 이것으로 그리스도의 왕국을 맞아들일 수 없다. 이 세계는 노아 시대에 물로 쓸어버림을 당한 것과 같이 "하늘이 큰소리로 떠나가고 체질이 뜨거운 불에 풀어져"(벧후 3:10) 없어질 세계인 것이다.

제 4 절 세대주의의 천년기 전 재림론

I. 도표

세대주의의 천년기 전 재림론을 도표로 표시하면 다음과 같다.

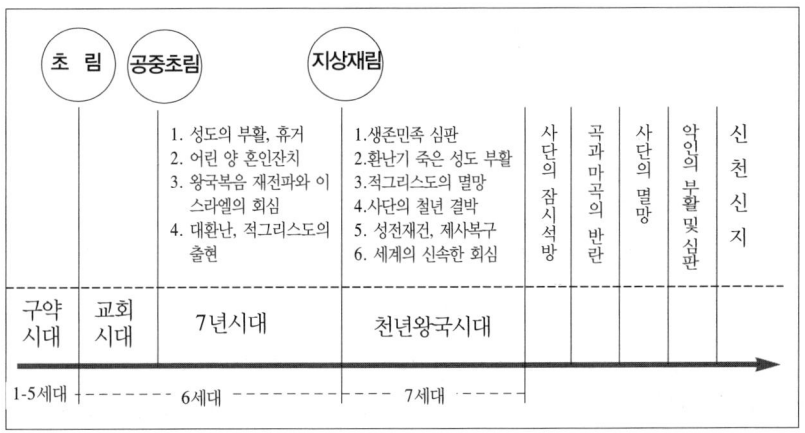

II. 세대주의의 개관

세대주의의 천년기 전 재림론이 무엇인지를 설명하기에 앞서서 세대주의란 무엇인가를 고찰하는 것이 이해에 도움이 될 것이다. 다음 몇 가지 사실만 알아 두자.

1. 발생

세대주의는 1825년경 영국의 따비(John Nelson Darbey)에 의하여 시작된 것으로 본다. 그리하여 세대주의는 따비주의(Darbyism)라고도 불린다.52) 그러나 세대주의가 이론적 체계를 정립하게 된 것은 미국의 스코필드(Scofield)가 1909년에 유명한 스코필드 관주성경(Scofield Reference Bible)을 세상에 내어 놓은 때부터이다.

2. 특 징

1) 문자적, 기계적 성경 해석에 의한 7세대 구분

세대주의(Dispensationalism)이라는 명칭이 말해 주듯이 이들은 성경을 문자적, 기계적으로 해석하여 성경에 나타난 하나님의 전 계획을 7시대로 구분하고 역사는 이 시대적 계단을 따라 진행한다고 하였다. 그 7시대는 다음과 같다.53)

① 무죄 또는 자유의 세대(창 1:28-3:6)
② 양심 또는 자기 결정의 세대(창 4:1-14)
③ 인간 통치의 세대
④ 약속의 세대 또는 족장 통치의 세대(창 11:10-출 18:27)
⑤ 모세 율법의 세대(출 19:1-행 1:26)
⑥ 은혜의 세대 또는 교회시대(행 2:1-계 19:21)
⑦ 천년왕국의 세대(계 20:1~)

2) 이 결과로 교회를 삽입(parenthesis)적인 존재로 본다.

세대주의자들은 교회시대가 과거의 구약왕국과 미래의 천년왕국 사이에 놓여진 하나의 삽입으로 본다.54) 다시 말하면, 유대인들이 지상왕국을 건설하기 위하여 초림하신 그리스도를 거절하였기 때문에 그분이 장차 왕국을 재건하시기 위하여 다시 오실 때까지 임시적으로 교회를 이 땅에 세우시고 승천하셨다는 것이다.

---

52) Oswald T. Allis, *Prophecy and the Church* (The Presbyterian and Reformed Publishing Company, 1974), p. 9.
53) Charles C. Ryrie, *Dispensationalism Today* (Chicago, Moody Press, 1965), pp. 57-64.
54) W. R. Newell, *Romans Verse by Verse*(Chicago, Moody Press, 1938), p. 335.

3) 교회와 이스라엘은 별개의 단체이다. 이들은 이스라엘과 교회를 별개의 단체로 보고, 하나님의 계획에 있어서 서로 다르며, 그 운명도 각각 다르다고 주장한다. 이스라엘은 지상적인 언약민이요 교회는 천상적인 단체이다. 천 년 동안의 통치(천년왕국)가 끝나면 교회는 천상으로 올라가고 이스라엘은 영원히 지상에 남게 된다는 것이다.

4) 재림의 하시성(何時性)과 성도의 환난 도피설을 주장한다.
하늘에 소속된 단체인 교회는 지상의 사건들과는 전혀 관계가 없으므로 어떤 사건도 교회와 그리스도의 재림 사이에는 개입될 필요가 없으며, 따라서 그리스도는 언제라도 재림하실 수 있다는 것이다. 그리고 특별히 교회의 휴거는 대환난 전에 분명히 있게 된다는 것이다.

III. 주장의 요지 및 주장자

1. 주장의 요지

1) 천 년이란?
천년왕국(계 20:4, 6)에서 천 년은 문자 그대로의 천 년이다.

2) 천년왕국이란?
그리스도의 재림은 두 번 있는데 공중재림과 지상재림이다. 공중재림에서 성도들이 휴거되고 두 번째 재림 곧 지상재림 때에는 그리스도께서 휴거되었던 성도들과 함께 오셔서 천년왕국을 건설하실 것이다. 이 왕국은 참으로 가견적이며, 이 세상적이며, 물질적인 유대인의 왕국으로, 그리스도께서는 다윗의 위에 앉아 문자 그대로 천 년 동안 왕노릇하실 것이니 이것은 구약의 신정국의 회복이다.[55]

3) 사건의 진행 순서
① 그리스도의 공중재림

---

55) 박형룡, 교의신학, 내세론(은성문화사, 1974), p. 254 참조.

그리스도는 먼저 교회 성도들을 위하여 공중 재림하신다. 재림은 언제든지 있을 수 있다.
② 성도의 부활 및 변화와 휴거
그리스도께서 공중 재림하시면 죽었던 모든 성도들이 신령한 몸으로 부활하여 공중 들림을 받는다. 따라서 대 환난을 받지 않는다.
③ 어린 양의 혼인 잔치
공중 들림을 받은 그 성도들은 어린 양의 혼인 잔치에 참여하게 되고 항상 주님과 함께 있을 것이다.
④ 왕국 복음의 재전파와 이스라엘의 대거 회심
성도들이 떠나 있는 동안 지상에는 유대인들 중 신앙을 가진 남은 백성들에 의하여 지상에 그리스도의 왕국이 건설될 것이라는 복음이 다시(초림 때와 같이) 전파될 것이다. 이 때에 이스라엘의 대거 회심이 있을 것이다.
⑤ 대 환난과 적그리스도의 출현
이 때에 적그리스도가 출현하고 대 환난이 있을 것이다. 위에서 말한 왕국 복음의 재전파와 이스라엘의 대거 회심 및 대환난, 적그리스도의 출현은 성도들의 공중 휴거 직후부터 7년 간 있을 것이다. 전 3년 반에 왕국복음 전파와 회심이, 후 3년 반에 적그리스도에 의한 대환난이 일어날 것이다.
⑥ 그리스도가 지상 재림하여 천년왕국 건설함
7년기 끝 곧 대 환난 끝에 그리스도께서 지상에 강림하시어서 (a) 생존민족의 심판, (b) 대환난 기간에 죽은 성도들의 부활, (c) 적그리스도의 멸망, (d) 천년간 사단의 결박, (e) 천년왕국 건설, (f) 성전의 재건과 제사의 복구, (g) 세계의 신속한 회심이 이루어질 것이다.
⑦ 사단의 잠시 석방
천년왕국 끝에는 사단이 잠시 석방될 것이다.
⑧ 곡과 마곡의 반란
사단의 잠시 석방으로 말미암아 곡과 마곡 무리가 거룩한 도성을 향하여 대항하다가 소멸될 것이다.
⑨ 사단이 불과 유황 못에 던져짐

그 후에는 사단이 불과 유황 못에 던져지게 될 것이다.
⑩ 악인들의 부활과 대심판
마지막으로 악인들이 부활하여 대심판을 받고 지옥에 떨어질 것이다.
⑪ 신천신지
그 이후로는 새 하늘과 새 땅이 있을 것이다.

2. 주장자

세대주의의 천년기 전 재림론을 주장하는 사람들은 다음과 같다. 스코필드(Scofield), 불링거(Bullinger), 블랙스톤(Blackstone), 그레이(Gray), 실버(Silver), 할데만(Haldemann), 호이트(Herman A. Hoyt) 등이다.

IV. 세대주의의 천년기 전 재림론자의 변론

우리는 위에서 세대주의의 천년기 전 재림론의 요지를 보았다. 이제 세대주의자의 이 견해에 대한 변론을 직접 들어보는 것이 순서이겠으나 세대주의 호이트(Herman A. Hoyt) 교수의 글을 요약하면 결국 위에서 설명한 내용이 되므로 여기서는 그의 글을 직접 소개하지 않는다. 전 인용서를 참고하기 바란다.56)

V. 비판

1. 위에서 본 호이트(H.A.Hoyt)의 글에 대하여 래드(George Eldon Ladd) 교수는 다음과 같은 요지로 비판하였다.57)

1) 그리스도의 초림 때, 그를 영접한 자들도 많았다.
호이트(Herman A. Hoyt)가 어떻게 이 중보적 왕국이 이스라엘에 의해 배척당하자 '정지'되었다고 자신있게 주장할 수 있는지 알기가 어렵다

---

56) Robert G. Clous, edited, *The Meaning of the Millennium* (IVP, 1979), pp. 63-92.
57) *Ibid.*, pp. 93-94.

(통상적인 세대주의는 '연기되었다'는 말을 사용함). 사실은 예수의 주신바 된 이 나라는 보편적으로 배척당하지 않았다. 많은 사람들이 이 나라를 받아들였고 예수의 제자가 되었다. 바울은 부활하신 예수께서 500여 형제에게 나타나신 사실을 언급한다(고전 15:6 참조). 이들은 '적은 무리'(눅 12:32)로 구성되어 있는데 이 '적은 무리'의 사상은 구약 성경에서도 가끔 나타난다(이스라엘은 하나님의 목자의 양으로 묘사됨). 이 적은 무리가 예수께서 선사하신 그 왕국을 받아들였고 그 결과 이 나라 곧 영적인 참된 이스라엘의백성이 되었다.

2) 구약의 제사 제도의 회복은 성경에 위배된다.

호이트가 간과한 세대주의의 특징 중 현저하게 중요한 한 가지는 천년왕국 기간의 유대주의의 회복이다. 참으로 그는 "이 왕국은 역사적 다윗 왕국의 부활이요 그 연속일 것이다"라고 말하고 있다. 그러나 그는 이것이 예루살렘 성전의 재건과 끝없이 반복되는 피의 제사가 포함되는 구약 전체 의식의 회복을 의미함을 강조하지 못하고 있다. 이것은 히브리서 8:13에 의하여 불가능하다. "새 언약이라 말씀하셨으매 첫 것은 낡아지게 하신 것이니 낡아지고 쇠하는 것은 없어져 가는 것이니라"(히 8:13).

3) 그리스도의 초림에서 왕국은 영적으로 내림하였다.

호이트는 "그리스도께서는 어느 곳에서도 그의 왕국 개념이 구약 선지서에 나타난 그 개념과 다른 것임을 암시한 적이 없다"고 하였다(즉 다윗 왕국 건설을 선포하셨다는 뜻:역자주). 나의 견해로는, 이것은 복음서의 핵심을 놓쳐 버린 것이라고밖에 할 수 없다. 예수님은 "그러나 내가 하나님의 성령을 힘입어 귀신을 쫓아내는 것이면 하나님의 나라가 이미 너희에게 임하였느니라"(마 12:28)고 하셨다. 예수님은 여기서 인간으로서의 자기 인격 속에 성령의 능력이 내주하고 있다는 것과 이 성령의 역사가 바로 하나님의 통치 권능임을 말씀하신 것이다. 여기에 유대주의적인 왕국 개념과 다른 무엇이 있다. 이 왕국이 종말론적인 능력과 영광으로 오기 전에 뜻밖의 형태, 곧 나사렛 사람의 인격과 메시지로 이미 사람들에게 임한 것이다. 내게 있어서는 이것이 하나님 나라의 '비밀' 곧 계시된 비밀이다.

2. 박형룡 박사는 세대주의의 천년기 재림론의 잘못을 광범위하게 지적하고 있다. 이것을 토대로 세대주의 주장을 비판하면 다음과 같다.58)

1) 세대주의 자체의 오류 - 성경 해석 원리의 잘못

세대주의는 따비(J. N. Darbey)의 저서들과 스코필드(Scofield)의 관주성경에서 제시된 그릇된 성경 해석 방법의 결과적 산물이다. 이들은 교회를 유대왕국과 그 재건인 천년왕국 사이의 삽입적 존재로 보기 때문에 마태복음과 계시록을 볼 때에도 그 말씀을 유대왕국에 관한 말씀과 교회에 관한 말씀으로 구분한다. 그러면서 이것을 그들은 "진리의 말씀을 옳게 분변하는 것"이라고 말한다. 그리하여 마태복음 1-12장과 24장은 유대왕국 복음이라고 보고, 요한복음은 교회에 대한 복음으로, 계시록은 유대왕국 복음으로 본다. 그 결과 마태복음 24장에 나오는 대환난을 교회 성도들은 당하지 않고 유대인들은 당한다는 해괴한 소리를 하게 된다.

2) 7세대설의 오류

위에서 본 바와 같이 이들은 역사를 7세대로 구분하는데 그 잘못은 다음과 같다.

① 명칭의 오류

세대론의 명칭을 구성하는 용어 '오이코노미아'(οἰκονομία, 눅 16:2-4; 고전 9:17; 엡 1:10; 3:2, 9; 골 1:25; 딤전 1:14)는 '경륜'으로 우리말 성경에 번역된 단어로 그들이 말하는 시험이나 시련 기간을 뜻하지 않는다.59)

② 세대 구분은 무리하여 중복되는 것이 많다.

예를 들면 제 2시대는 양심 시대인데 사도 바울은 그 때 당시의 사람들에게 양심 심판을 말하고 있다(롬 2:14, 15). 또 약속 시대, 율법 시대, 은혜시대를 구분하나, 율법 시대에도 약속이 있고 은혜 시대에도 율법이 들어 있다.

---

58) 박형룡, 교의신학, 내세론(은성문화사, 1974), pp. 257-263.
59) Ibid..

③ 구원은 하나님의 전적인 선물이지 시련에 합격하여 얻는 것이 아니다.

세대주의자들은 하나님이 구원하시려는 목적으로 여러 시대에 여러 시련 기간을 설치하여 그 조건을 자꾸 변경하신다고 하는데 이것은 구원론적 견지에서 볼 때 전혀 비성경적 주장이다.

3) 이중 재림, 이중의 성도 부활의 추상성

이들은 대 환난을 전후하여 그리스도의 재림을 공중 재림과 지상 재림으로, 또 그리스도의 지상 재림을 전후로 성도의 부활과 환난 때 죽은 성도의 부활로 구분하는데 이런 것들은 그들의 세대 구분에서 나온 상상의 산물이요 결코 성경에서 나온 것들이 아니다.

4) 왕국 연기론의 오류

이들은 예수님이 왕국 복음을 유대인들에게 선포하기 위하여 초림하셨으나 그들이 거절하므로 태도를 전환하여왕국을 전파하지 않고 장래의 재림을 예언하시며 유대인이나 이방인 모두에게 안식을 제시하는 복음을 선포하셨을 뿐이라고 주장한다. 이것은 계시의 점진성을 이해하지 못한 소치이며 이미 구약에서도 구원이 모든 이방에게 이를 것임을 말한 예언들을 무시한 결과이다. 또한 예수님이 그들이 말하는 전환점(마 12장 참조) 이전에 이방인에게 관심을 두지 않으셨다는 것이다(마 8:5-13 참조). 그 후에는 왕국을 전파하지 않으셨다는 것(마 13장 ; 눅 10:1-11)은 주장될 수 없다.

이들의 이론에 따르면 구약에서 유대왕국의 재건을 예언하였고 그 예언대로 그리스도가 오셨는데 유대인들의 거부로 말미암아 임시적 대치 기관인 교회만 설립하고 왕국 건설을 연기하였다는 것인데, 이것은 "천지가 없어지기 전에는 율법의 일점 일획이라고 반드시 없어지지 아니하고 다 이루리라"(마 5:18)고 하신 하나님의 말씀을 인간 사이의 약속 정도로 격하시키는 행위가 아닐 수 없다. 구약은 유대인에게 멀리 내다보이는 그리스도의 교회를 예언하였고 그리스도께서는 **말씀대로** 교회를 세우셨다는 원리에서 성경을 보아야 할 것이다.

5) 기성교회와 거리가 멀다.

뵈트너 교수는 말하기를 "세대주의자들은 거의 항상 교회의 신경(信經)들을 경시하고 초교파주의 또는 비교파주의로 경향을 나타낸다"고 하였다.

2. 결론

결론적으로 말해서 세대주의는 성경 해석의 원리가 근본적으로 잘못되어 있다. 따라서 전통적인 개혁파 신학 체계와는 거리가 멀다. 특히 여기서 한가지 촉구하고 싶은 사실은 오늘날 부흥사경회를 통하여 요한계시록을 강해하면서 세대주의의 천년기 재림론을 자기의 이론인양 가르치는 분들이 있는데 이것은 삼가야 될 일이라는 것이다. 종말의 사건들을 세부적으로 구분하여 배열하는데 매력을 느껴서 그렇게 하는지 모르겠으나 그 이론은 분명히 우리 칼빈주의 개혁파의 신학체계와는 거리가 먼 성경 해석의 원리에서 나온 산물이기 때문에 우리는 그 이론을 옳은 것처럼 가르쳐서는 안 된다.

따라서 성도의 환난도피설이나, 그리스도의 공중재림과 지상재림의 이중재림을 말하면 이것은 세대주의의 이론이라는 것을 알아서 그 가르침을 경계해야 할 것이다.

제 5 절 역사적 천년기 전 재림론

I. 도표

역사적 천년기 전 재림론을 도표로 표시하면 다음과 같다.

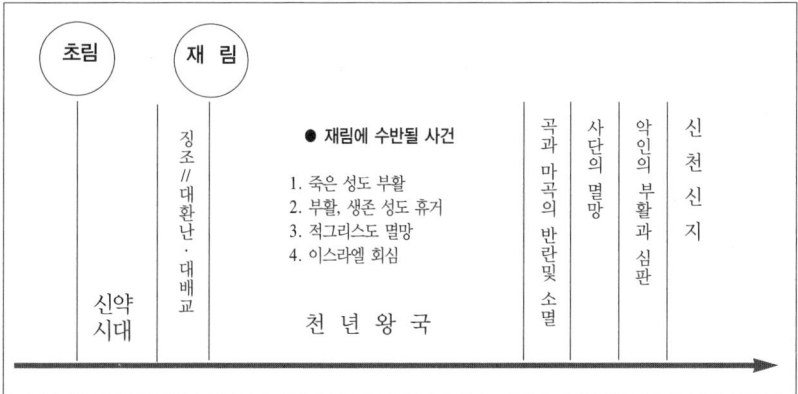

II. 주장의 요지

1. 천년이란?

계시록 20:4, 6에 나오는 천년왕국의 천 년은 여자적(如字的)인 천 년이다.

2. 천년왕국이란?

그리스도께서는 세상 종말의 대환난의 절정에서 재림하셔서 죽은 성도들을 부활시키신 후 천 년 동안 그들과 함께 왕노릇하실 것이니 천년왕국이다.

3. 사건의 진행 순서

1) 말세의 징조들

그리스도의 재림이 가까워지면 전장에서 지적한 여러 가지 징조들, 곧 복음의 세계적 전파와 이스라엘의 회심, 적그리스도의 출현으로 말미암은 대배교와 대환난이 있을 것이다. 성도들은 이 대환난에 넘겨질 것이며 죽임을 당할 것이다(마 24:9 참조). 그리고 많은 거짓 선지자들이 일어나 할 수만 있다면 택하신 자까지 미혹하는 일이 있을 것이다(마 24:24 참조).

2) 그리스도의 재림

대 환난의 절정에서 그리스도께서 영광스러운 단회적 재림을 하실 것이다.

3) 죽은 성도의 부활

그리스도께서 강림하시면 먼저 그리스도 안에서 죽은 성도들의 부활이 있을 것이다(계 20:5, 6).

4) 부활성도 및 생존 성도의 휴거

죽은 성도들의 부활이 있은 후에 생존 성도들이 부활한 성도들과 함께 재림하시는 주님을 영접하기 위하여 공중으로 끌어 올림을 받는다.

"주께서 호령과 천사장의 소리와 하나님의 나팔 소리로 친히 하늘로부터 강림하시리니 그리스도 안에서 죽은 자들이 먼저 일어나고 그 후에 우리 살아 남은 자들도 그들과 함께 구름 속으로 끌어 올려 공중에서 주를 영접하게 하시리니 그리하여 우리가 항상 주와 함께 있으리라"(살전 4:16, 17).

5) 적그리스도와 그 동맹자들의 멸망

지상에 재림하신 그리스도께서 사단을 잡아 일천년 동안 결박하여 무저갱에 던져 잠그심므로(계 20:2,3 참조) 전에 만국을 미혹하던 적그리스도의 세력은 멸망되어 다시는 만국을 미혹하지 못하게 된다(계 20:3 참조).

6) 이스라엘의 대거 회심

우리는 이 사건을 그리스도 재림 전의 징조로서 설명한 바 있다. 그러나 래드 교수는 "그리스도의 강림은 민족으로서의 이스라엘을 회심시키는 방편이 될 것이다"라고 하여 그리스도의 재림 이후의 사건으로 보고 있다.

7) 천년왕국

지상에 재림하신 그리스도께서는 천년 동안 통치하실 것이다. 그 왕국은 평화와 의가 충만한 왕국이 될 것이다(계 20:4, 6 참조).

8) 곡과 마곡의 반란과 소멸

그리스도의 지상 통치 곧 천년왕국이 만료될 때 "천년이 차매 사단이 그 옥에서 놓여 나와서 땅의 사방 백성 곧 곡과 마곡을 미혹하고 모아 싸움을 붙이리니 그 수가 바다 모래 같"(계 20:7-9)은 사건이 있을 것이다. 그러나 곧 "하늘에서 불이 내려와 저희를 소멸"(계 20:하)할 것이다.

9) 사단의 멸망

아담을 타락시켰고 적그리스도와 거짓 선지자들을 보내어 만국을 미혹케 하며 끝에는 곡과 마곡을 미혹하여 하나님의 거룩한 나라를 대적하던 마귀 사단은 마침내 불과 유황 못에 던지움을 받게 된다. "또 저희를 미혹하던 마귀가 불과 유황 못에 던지우니…세세토록 밤낮 괴로움을 받으리라"(계 20:10).

10) 악인의 부활 및 심판

사단의 심판이 있은 후에는 악인들이 부활하여 백보좌앞에서 심판을 받아 불못에 던지움을 받는다.

"또 내가 크고 흰 보좌와 그 위에 앉으신 이를 보니 땅과 하늘이 그 앞에서 피하여 간 데 없더라 또 내가 보니 죽은 자들이 큰 자나 작은 자나 그 보좌 앞에 서 있는데 책들이 펴 있고 또 다른 책이 펴졌으니 곧 생명책이라 죽은 자들이 자기 행위를 따라 책들에 기록된 대로 심판을 받으니 바다가 그 가운데에서 죽은 자들을 내주고 또 사망과 음부도 그 가운데에서 죽은 자들을 내주매 각 사람이 자기의 행위대로 심판을 받고 사망과 음부도 불못에 던져지니 이것은 둘째 사망 곧 불못이라 누구든지 생명책에 기록되지 못한 자는 불못에 던져지더라"(계 20:11-15).

11) 신천신지

그 다음에는 영원무궁한 안식의 세계인 신천신지의 시대가 펼쳐질 것이다.

"또 내가 크고 흰 보좌와 그 위에 앉으신 이를 보니 땅과 하늘이 그 앞에서 피하여 간 데 없더라 또 내가 보니 죽은 자들이 큰 자나 작은 자나 그 보좌 앞에 서 있는데 책들이 펴 있고 또 다른 책이 펴졌으니 곧 생명책이라 죽은 자들이 자기 행위를 따라 책들에 기록된 대로 심판을 받으니 바다가 그 가운데에서 죽은 자들을 내주고 또 사망과 음부도 그 가운데에서 죽은 자들을 내주매 각 사람이 자기의 행위대로 심판을 받고 사망과 음부도 불못에 던져지니 이것은 둘째 사망 곧 불못이라 누구든지 생명책에 기록되지 못한 자는 불못에 던져지더라"(계 21:1-4).

III. 주장자

역사적 천년기 전 재림론은 그 명칭이 말해 주듯이 역사성과 전통성을 가지고 있다. 그리하여 초대교회 시대에는 저스틴(Justine), 이레니우스(Irenaeus), 터툴리안(Tertullian), 락탄티우스(Lactantius), 히포리티우스

(Hyporitus) 등이 있었고 종교개혁 이후에 메데(Mede), 벵겔(Bengel), 오벌렌(Auberlen), 크리스트립(Christlieb), 에브라드(Ebrard), 고데(Godet), 호프만(Hofmann), 랑게(Lange), 스티어(Stier), 알포드(Alford), 앤드류스(Andrews), 엘리콧(Ellicott), 즈안(Zahn), 트렌취(Trench), 래드(Ladd) 등이 있다.

IV. 역사적 천년기 전 재림론자의 변론

필자는 여기서 역사적 천년기 전 재림론의 입장에 서서 박형룡 박사와 뜻을 같이했던 래드 교수의 글을 통하여 지금까지 다른 견해들을 비판하여 왔다. 따라서 그의 글을 여기에 별도로 소개하는 일은 생략한다. 전 인용서를 참고하기 바란다.[60]

결 론

우리는 지금까지 천년왕국에 관한 네 가지 견해를 살펴보았다. 그리고 그 네 가지 견해 가운데 역사적 천년기 전 재림론이 가장 성경적인 견해라는 우리의 입장도 밝혔다. 그러나 우리는 여기서 한 가지 주의해야 한다. 그것은 우리와 견해를 달리하는 그 사람을 어떻게 보아야 할 것인가 하는 문제이다. 천년기 후 재림론자인 뵈트너 교수는 그의 글 마지막에서 이렇게 말하였다.

"그리스도의 재림 방법과 그가 이 세상에서 세우고 또 앞으로 세울 왕국에 대하여는 의견상 일치를 보지 못하고 있다. 이 때문에 모든 교파의 교회는 실제에 있어서 여러 천년왕국론 중에 어느 하나를 그 신조의 조항으로 삼기를 거절하고 오히려 그리스도께서 재림하신다는 사실을 믿는 모든 사람들을 그리스도 안의 한 형제로 받아들이기를 기뻐한다. 따라서 우리는 개인적으로는 그리스도의 재림과 그 시기에 관하여 확고한 견해를 가질지 모르나, 우리의 이념은 본질적인 면에 대해서는

---

60) Robert G. Clouse, edited, *The Meaning of the Millennium* (IVP, 1979), pp. 17-40.

하나로 일치되고, 비본질적인 면에 대하여는 자유를 허용하며 기타 모든 면에서는 사랑으로 포용하는 것이 되어야 할 것이다."61)

또 래드 교수는 그의 글 마지막에서 다음과 같이 말한다.

"천년왕국에 대한 교리는 매우 심각한 신학적인 난제들을 안고 있다. 그러나 비록 모든 질문에 대한 대답을 발견할 수 없을지라도 복음적인 신학은 성경의 분명한 가르침 위에 세워져야 한다. 그러므로 나는 천년기 전 재림론자로 머문다."62)

우리는 위의 두 사람의 글에서 다음과 같은 결론을 얻을 수 있다.

1. 천년왕국론을 펼치는 사람들은 보수주의자들이다.

위에서 네 가지 견해를 보았지만 이들은 모두가 그리스도의 유형적 재림을 믿고 그 소망 가운데 살아가는 사람들이다. 따라서 이들은 성경이 영감된 하나님의 말씀임을 믿으며 예수 그리스도를 구주로 고백하는 자들이다. 자유주의자들이나 신정통주의자들과 비교한다면 이들은 우리 진영의 한 울타리 안에 있는 형제들이다.

2. 우리의 견해는 분명히 하되 다른 견해의 추종자들을 이단시하지는 말자.

위에서 말한 대로 천년왕국론은 보수주의 진영에서만 펼쳐지는 것이다. 물론 자유주의자들이 문명 문화의 발전으로 말미암은 이상사회 실현을 천년왕국으로 보는 것도 있지만, 이것은 천년왕국론의 축에도 들지 못하는 천박한 견해이다. 천년왕국에 대한 여러 견해가 엇갈리는 궁극적인 원인은 이 문제에 대한 하나님의 특별계시가 그분의 섭리적인 어떤 이유에서, 보다 풍성하게 주어지지 않은 데 있다. 따라서 나와 다른 견해를 취하는 자들을 그리스도 밖에 있는 자들, 곧 이단으로 정죄해서는 안 된다.

---

61) Robert G. Clouse, edited, *The Meaning of the Millennium* (IVP, 1979), p. 141.
62) *Ibid.*, p. 40.

《《연습문제》》

1. 천년왕국론의 문제의 초점은 무엇인가?

2. 무천년기 재림론의 주장을 약술하라.

3. 무천년기 재림론자들은 계시록 20:1-6을 어떻게 해석하는가?

4. 무천년기 재림론을 비판하라.

5. 천년기 후 재림론의 주장을 약술하라.

6. 천년기 후 재림론을 비판하라.

7. 세대주의의 천년기 전 재림론의 주장을 약술하라.

8. 세대주의(Dispensationalism)란 무엇인가?

9. 세대주의의 천년기 전 재림론을 비판하라.

10. 역사적 천년기 전 재림론의 주장을 약술하라.

11. 천년왕국에 대한 네 가지 견해 중 가장 성경적인 견해는 무엇이며, 또한 나머지 세 가지 견해에 대해 우리가 취해야 할 태도는 무엇인가?

제 3 장 죽은 자의 부활

우리는 지금까지 천년왕국론을 고찰하면서 부활에 대한 설명도 얼마간 한 바가 있다. 그러나 무엇보다 모든 그리스도인들에게 부활은 궁극적 소망이며 모든 고난 속에서도 좌절하지 않는 용기와 힘의 원천이라고 할 수 있다. 사도 바울이 말한 대로 "만일 그리스도 안에서 우리의 바라는 것이 다만 이생뿐이면 모든 사람 가운데 우리가 더욱 불쌍한 자"(고전 15:19)일 수 밖에 없다. 이처럼 부활은 모든 그리스도인들에게 중대한 사건이므로 별도로 한 장을 할애하여 고찰하고자 한다.

제 1 절 부활론의 중요성

그러면 먼저 부활 교리를 살펴보기 전에 부활론의 중요성부터 생각해 보자. 그 중요성은 다음 두 가지로 나누어 생각할 수 있다.

I. 교리적 중요성

잠자는 자들의 첫 열매가 된 그리스도의 부활에 연합하여 이루어지게 될 신자들의 부활은 다음 두 가지 면에서 교리적 중요성을 찾아볼 수 있게 된다.

1. 사도들의 메시지의 중심

초대교회 시대에 사도들이 전한 복음의 핵심적인 내용은 그리스도의 부활과 여기에 필연적으로 뒤따라 일어날 성도들의 부활이었다.

사도들은 복음을 전하기 위하여 입을 열 때마다 그리스도의 부활을 증거하였다. 그 예를 몇 가지만 들어 본다면, 오순절날 성령 충만함을 받은 베드로 사도가 즉석에서 삼천 명을 회개시키는 설교를 할 때 "너희가 법 없는 자들의 손을 빌어 못 박아 죽였으나 하나님께서 사망의 고통을 풀어 살리셨으니 이는 그가 사망에게 매여 있을 수 없었음이라"(행 2:23, 24)고 하면서 이 사실을 다윗의 글(시 16편)을 들어 증거하였다.

또 성전 미문에 앉아 구걸하던 앉은뱅이를 고쳤을 때 모여든 사람들에게 설교를 하면서도 "너희가…생명의 주를 죽였도다 그러나 하나님이 죽은 자 가운데서 살리셨으니 우리가 이 일에 증인이로라"(행 3:14, 15)고 하였으며 또 산헤드린 공회 회원들이 베드로와 요한을 잡아서 심문할 때에도 베드로가 성령 충만하여 "너희와 모든 이스라엘 백성들은 알라 너희가 십자가에 못 박고 하나님이 죽은 자 가운데서 살리신 나사렛 예수 그리스도의 이름으로 이 사람이 건강하게 되어 너희 앞에 섰느니라"(행 4:10)고 하였다.

사도들은 그리스도의 부활만 증거한 것이 아니라 신자들의 부활을 말하면서 이것은 우리의 신앙 생활에 결정적인 의미를 지닌 사건임을 강조하고 있다. 사도 바울은 "예수를 죽은 자 가운데서 살리신 이의 영이 너희 안에 거하시면…그의 영으로 말미암아 너희 죽을 몸도 살리시리라"(롬 8:11)고 하여 성도들에게 소망을 불어 넣어 주었다. 우리가 잘 아는 대로 고린도 전서 15장은 부활장으로서 그리스도의 부활이 역사적 사실임을 증명함과 동시에 성도들의 부활에 대한 성경의 약속이 확실함을 역설하면서 이 부활이 없으면 우리의 믿음도 헛된 것이라고 단호하게 말하고 있다. 이처럼 부활 교리는 사도들의 메시지의 중심이었으며 우리의 신앙 생활에 있어서 중대한 비중을 차지하는 것으로 사도들은 가르쳤다.

2. 신학에서 중요한 지위

사도들의 증거가 그러하였기 때문에 부활은 기독교 신학에 있어서 가장 중요한 지위를 점령할 수밖에 없다. 만일 부활이 없다면 우리의 믿음이 헛될 뿐만 아니라 기독교 신학 전체가 헛된 것이 되어 버릴 수밖에 없다. 그러므로 기독교 신학은 부활의 신학이라고 할 수 있다. 따라서 박형룡 박사는 여러 학자들의 다음과 같은 말을 소개하고 있다.[63]

"사람들은 부활 사건의 모퉁이돌 위에 기독교 신앙의 대회당을 건축하였다"(Francis L. Patton).

"기독교의 본질은 부활에 있다"(H. Kraemer).

"부활은 시대들의 기독교적 도표에 열쇠이다"(W. C. Robinson).

II. 실제적 중요성

신자의 부활 교리는 이 땅에서 신자들이 신앙 생활을 하는 데 있어서 매우 중대한 의미를 부여해 주고 있다.

1. 고난 극복의 힘

성도들은 이 땅에서 신앙 생활을 하는 동안 많은 고난을 당하게 된다. 왜냐하면 그 길은 좁고 협착하며 때로는 그리스도의 이름으로 핍박을 받고 순교의 제물이 되어야 하기 때문이다. 성도들은 무엇을 바라보면서 이 좁고 협착한 길을 걸어가며 심지어는 순교의 제물이 되는 것을 기쁨으로 받아들였는가? 그것은 오직 장차 그리스도께서 재림하실 때 이루어질 부활의 영

---

[63] 박형룡, 교의신학, 내세론(은성문화사, 1974), pp. 279-280.

광을 바라보기 때문인 것이다.

"자녀이면 또한 상속자 곧 하나님의 상속자요 그리스도와 함께 한 상속자니 우리가 그와 함께 영광을 받기 위하여 고난도 함께 받아야 할 것이니라 생각하건대 현재의 고난은 장차 우리에게 나타날 영광과 비교할 수 없도다"(롬 8:17, 18).

2. 슬픔을 당한 자에게 위로와 격려

인간은 이 땅 위에 살면서 사랑하는 부모 형제 또는 친구들과 죽음으로 말미암아 이별해야 하는 슬픔을 당하게 된다. 이러한 때에 우리는 무엇으로 그 슬픔을 위로하며 격려할 수 있는가? 만일 그리스도 안에서 다시 사는 것이 없다면 우리는 아무런 위로의 말도 줄 수 없으며 또한 위로를 받을 수도 없다.

그러나 우리에게는 죽은 자가 그리스도 안에서 다시 살 것이라는 하나님의 영원 불변한 약속을 가지고 있기 때문에 그 슬픔 속에서도 절망하지 않으며 큰 위안과 격려를 받을 수 있다.

"형제들아 자는 자들에 관하여는 너희가 알지 못함을 우리가 원하지 아니하노니 이는 소망 없는 다른 이와 같이 슬퍼하지 않게 하려 함이라 우리가 예수께서 죽으셨다가 다시 살아나심을 믿을진대 이와 같이 예수 안에서 자는 자들도 하나님이 그와 함께 데리고 오시리라 우리가 주의 말씀으로 너희에게 이것을 말하노니 주께서 강림하실 때까지 우리 살아 남아 있는 자도 자는 자보다 결코 앞서지 못하리라 주께서 호령과 천사장의 소리와 하나님의 나팔 소리로 친히 하늘로부터 강림하시리니 그리스도 안에서 죽은 자들이 먼저 일어나고 그 후에 우리 살아 남은 자들도 그들과 함께 구름 속으로 끌어 올려 공중에서 주를 영접하게 하시리니 그리하여 우리가 항상 주와 함께 있으리라 그러므로 이러한 말로 서로 위로하라"(살전 4:13-18).

제 2절 부활의 성경적 증거

죽은 자의 육체가 다시 살아서 영원한 생명의 세계에 들어간다는 사실을 명확하게 가르쳐 주는 것은 하나님의 특별계시인 성경밖에 없다. 성경은 그리스도의 부활을 예언했고(시편 16편 등) 이 예언은 역사적 사실로 증명되었으며 한 걸음 더 나아가 그리스도 안에서 죽은 자들은 부활의 첫 열매가 되신 그분을 따라 부활할 것을 약속하고 있다. 이런 교훈은 비단 신약에서뿐만 아니라 구약에서도 발견된다. 이제 그 내용을 살펴보자.

I. 구약의 증거

1. 모리아산 상에서의 아브라함의 신앙

하나님께서 아브라함에게 백 세에 얻은 아들 이삭을 모리아산 상에서 제물로 드릴 것을 명령하셨을 때 아브라함은 그 명령에 그대로 순종하는 신앙을 가졌으니, 히브리서 기자는 이 아브라함의 신앙을 가리켜 부활을 믿는 신앙이었다고 가르친다.

"아브라함은 시험을 받을 때에 믿음으로 이삭을 드렸으니 저는 약속을 받은 자로되 그 독생자를 드렸느니라 저에게 이미 말씀하시기를 네 자손이라 칭할 자는 이삭으로 말미암으리라 하셨으니 저가 하나님이 능히 죽은 자 가운데서 다시 살리실 줄로 생각한지라"(히 11:17-19).

2. "열조와 함께 잔다"는 표현

우리는 구약 성경에서 죽음을 가리켜 '잔다'는 말로 표현하고 있음을 본다. 왜 이러한 표현을 하고 있을까? 그것은 잠이란 깰 때가 있는 것과 같이 죽은 자가 다시 부활할 때가 있음을 내다보기 때문이다. 이러한 표현들은 다음과 같은 성구에서 발견된다.

- "웃시야가 그의 조상들과 함께 누우매…그의 조상들의 곁에 장사하니라"(대하 26:23).
- "아하스가 그그의 조상들과 함께 누우매…예루살렘 성에 장사하였더라"(대하 28:27).
- "33 히스기야가 그의 조상들과 함께 누우매 온 유다와 예루살렘 주민이 그를 다윗 자손의 묘실 중 높은 곳에 장사하여 그의 죽음에 그에게 경의를 표하였더라"(대하 32:33).

3. 부활을 직접 가리키는 성구

- "주의 죽은 자들은 살아나고 그들의 시체들은 일어나리이다 티끌에 누운 자들아 너희는 깨어 노래하라 주의 이슬은 빛난 이슬이니 땅이 죽은 자들을 내놓으리로다"(사 26:19).
- "땅의 티끌 가운데에서 자는 자 중에서 많은 사람이 깨어나 영생을 받는 자도 있겠고 수치를 당하여서 영원히 부끄러움을 당할 자도 있을 것이며"(단 12:2).
- "내 백성들아 내가 너희 무덤을 열고 너희로 거기에서 나오게 한즉 너희는 내가 여호와인 줄을 알리라"(겔 37:13).

II. 신약의 증거

신약 성경에는 그리스도의 부활과 함께 성도의 부활에 대한 증언이 너무나도 많다. 그 몇 가지 예만 들어 보면 다음과 같다.

1. 예수님의 증거

- "나를 보내신 이의 뜻은 내게 주신 자 중에 내가 하나도 잃어버리지

아니하고 마지막 날에 다시 살리는 이것이니라"(요 6:39).
- "내 살을 먹고 내 피를 마시는 자는 영생을 가졌고 마지막 날에 내가 그를 다시 살리리니"(요 6:54).
- "선한 일을 행한 자는 생명의 부활로, 악한 일을 행한 자는 심판의 부활로 나오리"(요 5:29).
- "예수께서 이르시되 나는 부활이요 생명이니 나를 믿는 자는 죽어도 살겠고"(요 11:25).

2. 사도 바울의 증거

사도 바울은 고린도전서 15장에서 전적으로 그리스도의 부활과 성도의 부활 교리를 가르치고 있다. 그는 여기서 먼저 그리스도의 부활의 역사적 사실을 증명하고(1-12절), 거기서부터 추론하여 그리스도의 백성의 부활의 가능성과 확실성을 논증하고(13-34절) 그 다음에는 부활체의 성질을 논하여 반대설의 무용함을 폭로하였다(35-58절).

또 사도 바울은 다른 곳에서도 부활교리를 가르치고 있다.

- "주께서 호령과 천사장의 소리와 하나님의 나팔 소리로 친히 하늘로부터 강림하시리니 그리스도 안에서 죽은 자들이 먼저 일어나고"(살전 4:16)
- "그는 만물을 자기에게 복종하게 하실 수 있는 자의 역사로 우리의 낮은 몸을 자기 영광의 몸의 형체와 같이 변하게 하시리라"(빌 3:21).
- "예수를 죽은 자 가운데서 살리신 이의 영이 너희 안에 거하시면 그리스도 예수를 죽은 자 가운데서 살리신 이가 너희 안에 거하시는 그의 영으로 말미암아 너희 죽을 몸도 살리시리라"(롬 8:11).
- "그뿐 아니라 또한 우리 곧 성령의 처음 익은 열매를 받은 우리까지도 속으로 탄식하여 양자 될 것 곧 우리 몸의 속량을 기다리느니라"(롬 8:23).

3. 사도 요한의 증거

"이마와 손에 그의 표를 받지 아니한 자들이 살아서 그리스도와 더불어 천 년 동안 왕 노릇 하니 (그 나머지 죽은 자들은 그 천 년이 차기까지 살지 못하더라) 이는 첫째 부활이라"(계 20:4, 5).

제 3 절 부활의 성질

그리스도의 재림 때 이루어질 성도들의 부활은 다음과 같은 성질을 가진다.

I. 삼위 하나님의 역사

성도들의 죽은 육체를 부활시키시는 역사는 삼위 하나님의 사역으로 돌려진다.

1. 성부의 사역

- "우리는 우리 자신이 사형 선고를 받은 줄 알았으니 이는 우리로 자기를 의지하지 말고 오직 죽은 자를 다시 살리시는 하나님만 의지하게 하심이라"(고후 1:9).
- "아버지께서 죽은 자들을 일으켜 살리심 같이"(요 5:21).

2. 성자의 사역

- "아버지께서 죽은 자들을 일으켜 살리심 같이 아들도 자기가 원하는 자들을 살리느니라"(요 5:21).
- "40 내 아버지의 뜻은 아들을 보고 믿는 자마다 영생을 얻는 이것이

니 마지막 날에 내가 이를 다시 살리리라 하시니라"(요 6:40).

3. 성령의 사역

• "예수를 죽은 자 가운데서 살리신 이의 영이 너희 안에 거하시면 그리스도 예수를 죽은 자 가운데서 살리신 이가 너희 안에 거하시는 그의 영으로 말미암아 너희 죽을 몸도 살리시리라"(롬 8:11).

II. 그리스도의 부활의 결과이다

그리스도 안에서 죽은 자들이 영광스러운 부활을 하게 되는 것은 오로지 그리스도께서 부활의 첫 열매가 되셨기 때문이다.

"만일 죽은 자의 부활이 없으면 그리스도도 다시 살아나지 못하셨으리라 ....만일 죽은 자가 다시 살아나는 일이 없으면 그리스도도 다시 살아나신 일이 없었을 터이요.....그러나 이제 그리스도께서 죽은 자 가운데서 다시 살아나사 잠자는 자들의 첫 열매가 되셨도다....아담 안에서 모든 사람이 죽은 것 같이 그리스도 안에서 모든 사람이 삶을 얻으리라"(고전 15:13-22).

그러므로 웨스트민스터 대요리 문답은 "의인의 육신은 그리스도의 영으로 또한 저희의 머리 되시는 그리스도의 부활의 공로로 말미암아 신령하고 다시 썩지 않고 주님의 영광스러운 몸과 같은 것이 되어 권능 중에 일어날 것이요"(87문)라고 하였다.

III. 육체적 부활

성경은 영적 부활 곧 중생(요 3:3, 5 참조)을 말한다. 이런 의미에서 예수님은 "죽은 자들이 하나님의 아들의 음성을 들을 때가 오나니 곧 이 때라 듣는 자는 살아나리라"(요 5:25)고 하셨다. 그러나 성경은 이 중생과 판이한 육체적 부활, 곧 죽어서 썩었던 육체가 다시 신령한 몸으로 살아나는 부활을 말하고 있다.

이와 같은 사실은 부활의 첫 열매가 되신 그리스도의 부활이 육체적 부활이었다는 사실에서 명백하며 또한 다음과 같은 성구에서 분명해진다.

- "예수를 죽은 자 가운데서 살리신 이의 영이 너희 안에 거하시면 그리스도 예수를 죽은 자 가운데서 살리신 이가 너희 안에 거하시는 그의 영으로 말미암아 너희 죽을 몸도 살리시리라"(롬 8:11).
- "그뿐 아니라 또한 우리 곧 성령의 처음 익은 열매를 받은 우리까지도 속으로 탄식하여 양자 될 것 곧 우리 몸의 속량을 기다리느니라"(롬 8:23).

IV. 동일성과 변화성

성도의 죽었던 육체가 부활하면 죽기 이전의 육체와 부활 후의 육체 사이에 어떤 관계가 있을까? 그 관계를 다음 두 가지로 말할 수 있을 것이다.

1. 동일성

이것은 부활하는 육체가 죽어서 땅에 묻혔던 바로 그 육체의 부활임을 의미한다. 이 사실은 다음과 같은 성구에서 알 수 있다.

- "그의 영으로 말미암아 너희 죽을 몸도 살리시리라"(롬 8:11 하).
- "양자 될 것 곧 우리 몸의 속량을 기다리느리라"(롬 8:23하).

그리고 부활에서 입증된다. 즉 그리스도의 부활 후에 그 무덤은 시체가 없는 빈 무덤이었으며, 또한 십자가에서 당하신 고난의 흔적(손의 못 자국과 허리의 창 자국)이 부활하신 주님의 몸에서 발견되었기 때문이다(요 20:25 참조).

2. 변화성

그러나 죽기 이전의 몸과 부활 후의 몸은 현저한 차이가 있을 것이다. 그 이유는 부활한 육체는 신령한 변화를 받은 육체일 것이기 때문이다. 그 때의 육체는 "썩지 아니할"(고전 15:53) 육체요 "영광스러운"(고전 15:43) 육체이며 "신령한"(고전 15:44) 육체요 "아픈 것이 다시 있지 아니"(계 21:4) 한 육체일 것이다. 그리고 그 때의 육체는 그리스도의 부활하신 육체로부터 미루어 본다면, 문이 닫힌 상태에서도 들어올 수도 있으며(요 20:19 참조), 직접 하늘로 올라갈 수도 있는(행 1:9; 눅 24:51 참조), 즉 공간적 제약을 받지 않는 몸이 될 것이다.

이처럼 그리스도의 부활 후의 모습이 변화되었기 때문에 엠마오 도상에서 두 청년은 한때 주님과 동행하면서도 그분을 얼마동안 알아볼 수 없었다(눅 24:15, 16 참조).

V. 전체성

죽은 자의 육체가 다시 살아나는 부활은 그리스도 안에서 죽은 성도들에게만 있는 것이 아니라 그 이외의 모든 악인들에게도 있다. 다만 이 두 부활의 차이점은, 성도들은 영생을 위하여 악인들은 영벌을 위하여라는 것이다.

- "땅의 티끌 가운데에서 자는 자 중에서 많은 사람이 깨어나 영생을 받는 자도 있겠고 수치를 당하여서 영원히 부끄러움을 당할 자도 있을 것이며"(단 12:2).
- "무덤 속에 있는 자가 다 그의 음성을 들을 때가 오나니 선한 일을 행한 자는 생명의 부활로, 악한 일을 행한 자는 심판의 부활로 나오리라"(요 5:28, 29).
- "바울이 의와 절제와 장차 오는 심판을 강론하니 벨릭스가 두려워하여 대답하되 지금은 가라 내가 틈이 있으면 너를 부르리라 하고"(행 24:15).

《《연습문제》》

1. 부활론의 교리적 중요성은 무엇인가?

2. 부활론의 실제적 중요성은 무엇인가?

3. 부활의 성경적 증거를 밝히라.

4. 부활의 성질을 약술하라.

제 4 장 최후 심판

부활 교리에 이어서 고찰할 또 하나의 주제는 최후 심판의 교리이다. 최후 심판은 세상 끝에서 하나님이 모든 이성적 피조물들을 공의로 판단하셔서 그들의 영원한 운명을 최종적으로 결정하시는 일이라고 할 수 있다. 이제 최후 심판에 대하여 그 중요성, 성경적 증거, 성질, 주체와 대상 등을 살펴보자.

제1절 최후 심판론의 중요성

I. 교리적 중요성 – 칭의와의 관계에서

최후 심판 교리는 구원론에서 나온 칭의 곧 구원 문제와의 관계에서 중요한 의의를 갖는다. 그 관계를 우리는 다음과 같이 말할 수 있다.

1. 원리와 실현의 관계

칭의가 구원의 원리적 선포라고 하면, 최후 심판은 그 원리의 완성 또는 실현의 선포라고 할 수 있다.

2. 내적 승인과 외적 공인의 관계

칭의가 성도들의 심령 속에 역사하시는 성령에 의하여 구원받은 백성임을 내적으로 승인하는 일이라고 하면, 최후 심판은 그것을 외적으로 공인하는 일이다.

3. 부분과 전체

칭의는 오직 그 사람의 '믿음'만으로 되어지므로 이것만 고려의 대상이지만, 최후 심판은 '믿음'뿐만 아니라 '행위'도 고려의 대상이 된다. 그리하여 성도들은 그 행한 바에 따라 상급이 결정된다(마 16:27; 계 2:23, 고전 3:13 참조). 따라서 칭의가 부분적이라고 하면, 최후 심판은 전체적이라고 할 수 있다.

II. 실제적 중요성

세상 종말에 이르러 누구나 이 심판대 앞에 서야 한다는 사실은(히 9:27 참조) 우리의 생활 속에 다음과 같은 중대한 의의를 갖게 한다.

1. 진지한 삶을 살게 함

최후에 가서는 결국 하나님의 심판대 앞에 서야 한다고 생각될 때, 성도들은 그 삶을 멋대로 영위할 수 없게 된다. 어두움의 일을 벗어 버리고 낮에서와 같이 단정하게 살아가도록 만든다.

"밤이 깊고 낮이 가까웠으니 그러므로 우리가 어둠의 일을 벗고 빛의 갑옷을 입자 낮에와 같이 단정히 행하고 방탕하거나 술 취하지 말며 음란하거나 호색하지 말며 다투거나 시기하지 말고"(롬 13:12, 13).

2. 회개를 촉구함

하나님의 심판대 위에 서야 한다는 사실은 죄를 범하였을 때 그것을 회개하도록 촉구한다.

"그러나 하나님이 이 모든 일로 말미암아 너를 심판하실 줄 알라 … 너는 청년의 때에 너의 창조주를 기억하라 곧 곤고한 날이 이르기 전에, 나는 아무 낙이 없다고 할 해들이 가깝기 전에 해와 빛과 달과 별들이 어둡기 전에, 비 뒤에 구름이 다시 일어나기 전에 그리하라"(전 11:9-12:2).

"이스라엘 족속아 돌이키고 돌이키라 너희 악한 길에서 떠나라 어찌 죽고자 하느냐"(겔 33:11).

3. 위로와 격려가 됨

최후 심판이 악인들에게는 가장 무서운 공포의 날이지만 이 땅에서 그리스도의 이름으로 고난 당하는 성도들에게는 그들의 억울함과 고통을 신원하여 주시는 날이다.

"하늘과 성도들과 사도들과 선지자들아, 그로 말미암아 즐거워하라 하나님이 너희를 위하여 그에게 심판을 행하셨음이라 하더라"(계 18:20).

그러므로 성도들은 그 심판날을 바라보면서 이 땅에서 받는 고난 속에서도 위로와 격려를 받는다.

제 2 절 최후 심판의 성경적 증거 및 성질

I. 성경적 증거

최후 심판은 신약뿐만 아니라 구약에서도 가르치고 있다.

1. 구약의 증거

- "그가 임하시되 땅을 심판하러 임하실 것임이라 그가 의로 세계를 심판하시며 그의 진실하심으로 백성을 심판하시리로다"(시 96:13).

- "내가 내 마음속으로 이르기를 의인과 악인을 하나님이 심판하시리니 이는 모든 소망하는 일과 모든 행사에 때가 있음이라 하였으며"(전 3:17).

- "하나님은 모든 행위와 모든 은밀한 일을 선악 간에 심판하시리라"(전 12:14).

2. 신약의 증거

- "내가 너희에게 이르노니 심판 날에 두로와 시돈이 너희보다 견디기 쉬우리라"(마 11:22).

- "인자가 아버지의 영광으로 그 천사들과 함께 오리니 그 때에 각 사람이 행한 대로 갚으리라"(마 16:27).

- "이는 정하신 사람으로 하여금 천하를 공의로 심판할 날을 작정하시고 이에 그를 죽은 자 가운데서 다시 살리신 것으로 모든 사람에게 믿을 만한 증거를 주셨음이니라 하니라"(행 17:31).

- "이러므로 우리 각 사람이 자기 일을 하나님께 직고하리라" (롬 14:12).

- "그러므로 때가 이르기 전 곧 주께서 오시기까지 아무 것도 판단하지 말라 그가 어둠에 감추인 것들을 드러내고 마음의 뜻을 나타내시리니 그 때에 각 사람에게 하나님으로부터 칭찬이 있으리라"(고전 4:5).

- "한번 죽는 것은 사람에게 정해진 것이요 그 후에는 심판이 있으리니"(히 9:27).

- "그들이 산 자와 죽은 자를 심판하기로 예비하신 이에게 사실대로 고하리라"(벧전 4:5).

- "바다가 그 가운데에서 죽은 자들을 내주고 또 사망과 음부도 그 가운

데에서 죽은 자들을 내주매 각 사람이 자기의 행위대로 심판을 받고"(계 20:13).

II. 심판의 성질

하나님의 공의는 평소에도 어느 정도 실현되고 있으며 그것도 어떤 의미에서는 심판이라고 할 수 있겠지만 최후 심판은 그런 섭리적인 하나님의 역사와 다른 몇 가지 특성을 지닌다.

1. 장래에 있을 사건

최후 심판은 글자 그대로 역사의 최종점에서 이루어질 사건이다. 그러므로 성경은 이 심판을 "장차 오는 심판"(행 24:25)이라고 하였고, 죽은 후에 있을 사건(히 9:27 참조), 부활 후에 있을 사건으로(요 5:29 참조) 말하고 있다.

2. 유형적 사건

최후 심판은 인류 역사 속에서 무형적으로 행하시는 섭리적 심판과는 다르게 역사의 최종 시점에서 단회적 유형적으로 이루어질 사건이다. 이 심판을 위하여 악인도 의인도 부활할 것이고 (요 5:28, 29 참조), 생명책에 기록된 대로 심판을 받아 천국과 지옥으로 각각 들어갈 것이며 (계 20:12-15 참조), 하늘이 큰소리로 떠나가고 체질이 뜨거운 불에 풀어지는 사건이 동반될 것이다.

3. 최종 결산의 사건

그 날까지는 하나님께서 "그 해를 악인과 선인에게 비춰게 하시며 비를 의로운 자와 불의한 자에게 내리우"(마 5:45)셨고, 밭에 곡식과 가라지를

"가만 두어"(마 13:29) 길이 참으셨지만, 이 최후심판날에는 하나님의 공의가 완전히 실현될 것이며 이성적 피조물의 선악간 모든 행위는 최종 결산을 보고야 말 것이다.

제 3 절 심판자와 심판의 대상 및 표준

I. 심판자

1. 일반적 의미 – 하나님

최후심판에 있어서 그 심판을 행하시는 분은 '하나님'이라고 말하게 된다.

- "네가 어찌하여 네 형제를 비판하느냐 어찌하여 네 형제를 업신여기느냐 우리가 다 하나님의 심판대 앞에 서리라 이러므로 우리 각 사람이 자기 일을 하나님께 직고하리라 "(롬 14:10-12).
- "하늘에 기록된 장자들의 모임과 교회와 만민의 심판자이신 하나님과 및 온전하게 된 의인의 영들과 새 언약의 중보자이신 예수와 및 아벨의 피보다 더 나은 것을 말하는 뿌린 피니라"(히 12:23, 24).

2. 엄밀한 의미 – 그리스도

최후 심판의 심판자가 일반적으로 '하나님'이라고 성경이 말하고 있으나 엄밀하게 말하면 '그리스도'가 심판자이시다.

- "그 때에 내가 그들에게 밝히 말하되 내가 너희를 도무지 알지 못하니 불법을 행하는 자들아 내게서 떠나가라 하리라"(마 7:23).
- "이는 우리가 다 반드시 그리스도의 심판대 앞에 나타나게 되어 각

각 선악간에 그 몸으로 행한 것을 따라 받으려 함이라"(고후 5:10).

- "또 내가 하늘이 열린 것을 보니 보라 백마와 그것을 탄 자가 있으니…그가 공의로 심판하며 싸우더라…그 옷과 그 다리에 이름을 쓴 것이 있으니 만왕의 왕이요 만주의 주라 하였더라"(계 19:11-16).

3. 종합적인 의미 - 그리스도를 통한 하나님의 심판

위의 두 가지 의미를 종합하면 하나님은 그리스도에게 최후 심판권을 주셔서 그분을 통하여 심판하시는 것이라고 할 수 있다.

- "곧 나의 복음에 이른 바와 같이 하나님이 예수 그리스도로 말미암아 사람들의 은밀한 것을 심판하시는 그 날이라"(롬 2:16).
- "아버지께서 아무도 심판하지 아니하시고 심판을 다 아들에게 맡기셨으니"(요 5:22).

4. 그리스도께서 심판권을 받으신 이유 - 낮아지심에 대한 상

삼위 하나님 가운데 특별히 그리스도에게 이 심판권이 주어진 이유는 그분이 우리 죄를 대속하시기 위하여 인간의 몸을 입고 이 땅에 오셔서 죽기까지 복종하시며 낮아지신 때문이다. 이로 말미암아 성부 하나님은 성자에게 상급으로 이 심판권을 맡기셨다.

"그는 근본 하나님의 본체시나 하나님과 동등됨을 취할 것으로 여기지 아니하시고 오히려 자기를 비워 종의 형체를 가지사 사람들과 같이 되셨고 사람의 모양으로 나타나사 자기를 낮추시고 죽기까지 복종하셨으니 곧 십자가에 죽으심이라 이러므로 하나님이 그를 지극히 높여 모든 이름 위에 뛰어난 이름을 주사 하늘에 있는 자들과 땅에 있는 자들과 땅 아래에 있는 자들로 모든 무릎을 예수의 이름에 꿇게 하시고"(빌 2:6-10).

그러므로 예수님은 십자가의 구속을 완성하시고 장사된 지 사흘 만에 부활하셔서 "하늘과 땅의 모든 권세를 내게 주셨"(마 28:18)다고 말씀하셨다. 그리고 재림하실 때에는 영광의 보좌에 앉아 양과 염소를 분별하는 심판을 행하실 것을 예언하셨다.

"인자가 자기 영광으로 모든 천사와 함께 올 때에 자기 영광의 보좌에 앉으리니…양은 그 오른편에 염소는 왼편에 두리라"(마 25:31-33).

5. 심판의 수종자 - 천사들

그리스도께서 심판권을 행사함에 있어서 천사들은 그 일에 수종드는 자로 성경에 나타난다.

- "인자가 그 천사들을 보내리니 그들이 그 나라에서 모든 넘어지게 하는 것과 또 불법을 행하는 자들을 거두어 내어 풀무 불에 던져 넣으리니 거기서 울며 이를 갈게 되리라"(마 13:41, 42).

6. 심판의 협조자 - 성도들

성경은 성도들이 마지막날 최후심판 때에 심판하는 권세를 가지고 있음을 말하고 있다.

- "성도가 세상을 판단(κρίνεσθαι= 심판)할 것을 너희가 알지 못하느냐 세상도 너희에게 판단을 받겠거든 지극히 작은 일 판단하기를 감당치 못하겠느냐 우리가 천사를 판단할 것을 너희가 알지 못하느냐 그러하거든 하물며 세상 일이랴"(고전 6:2, 3).

- "또 내가 보좌들을 보니 거기에 앉은 자들이 있어 심판하는 권세를 받았더라"(계 20:4).

그 날에 성도들이 행사할 이 심판권이 어떤 성질의 것인지는 확실히 알 수 없다. 오직 말할 수 있는 것은 그리스도께서 행하시는 심판에 성도들이 심판자의 자격으로 참여하여 그 일에 협조한다는 사실이다.

II. 심판의 대상자

1. 사단과 그의 사자들

사단이 그리스도의 심판을 받아 영원한 불못에 던지울 것은 다음 성구에서 알 수 있다.

"천 년이 차매 사탄이 그 옥에서 놓여 나와서…사랑하시는 성을 두르매 하늘에서 불이 내려와 그들을 태워버리고 또 그들을 미혹하는 마귀가 불과 유황 못에 던져지니 거기는 그 짐승과 거짓 선지자도 있어 세세토록 밤낮 괴로움을 받으리라"(계 20:7-10).

사단의 졸개들 곧 그의 사자들이 심판을 받을 것은 다음 성구에서 암시를 받는다.

- "또 왼편에 있는 자들에게 이르시되 저주를 받은 자들아 나를 떠나 마귀와 그 사자들을 위하여 예비된 영원한 불에 들어가라"(마 25:41).
- "예수께서 네 이름이 무엇이냐 물으신즉 이르되 군대라 하니 이는 많은 귀신이 들렸음이라 무저갱으로 들어가라 하지 마시기를 간구하더니"(눅 8:30, 31).

2. 불신자들

이들의 심판에 대해서는 다음과 같은 성구가 말하고 있다.

- "하나님은 모든 행위와 모든 은밀한 일을 선악 간에 심판하시리라"(전 12:14).

- "내가 너희에게 이르노니 사람이 무슨 무익한 말을 하든지 심판 날에 이에 대하여 심문을 받으리니"(마 12:36).

- "또 내가 보니 죽은 자들이 큰 자나 작은 자나 그 보좌 앞에 서 있는데 책들이 펴 있고 또 다른 책이 펴졌으니 곧 생명책이라 죽은 자들이 자기 행위를 따라 책들에 기록된 대로 심판을 받으니 바다가 그 가운데에서 죽은 자들을 내주고 또 사망과 음부도 그 가운데에서 죽은 자들을 내주매 각 사람이 자기의 행위대로 심판을 받고 사망과 음부도 불못에 던져지니 이것은 둘째 사망 곧 불못이라 누구든지 생명책에 기록되지 못한 자는 불못에 던져지더라"(계 20:12-15).

이처럼 불신자들은 행한 대로 심판을 받고 사단 및 그 졸개들과 함께 영원한 지옥불에 떨어질 것이다.

3. 신자들

어떤 사람들은 신자들에게는 심판이 없다고 한다. 그러나 성경은 신자들도 심판을 받게 될 것을 명백하게 가르치고 있다.

- "네가 어찌하여 네 형제를 비판하느냐 어찌하여 네 형제를 업신여기느냐 우리가 다 하나님의 심판대 앞에 서리라"(롬 14:10).

- "그런즉 우리는 몸으로 있든지 떠나든지 주를 기쁘시게 하는 자가 되기를 힘쓰노라 이는 우리가 다 반드시 그리스도의 심판대 앞에 나타나게 되어 각각 선악간에 그 몸으로 행한 것을 따라 받으려 함이라"(고후 5:9,10).

그리하여 신자들은 자기가 위임받은 탈란트(마 25:14-30)와 자본금(눅 19:11-27)과 기회들(마 20:1-16)의 활용한 바를 셈하도록 요청받게 될 것이다. 그리하여 그 공력이 불타면 구원을 얻되 부끄러운 구원을 얻을 것이다(고전 3:11-15 참조). 그러나 선한 싸움을 싸우고 믿음을 지킨 자는 그 날에 의의 면류관을 받을 것이다(딤후 4:7, 8 참조).

한 마디로 말해서 신자들의 구원은 믿음으로 말미암아 이미 결정되었으나 각 사람의 행한 바에 따라 상급이 결정되는 심판을 받을 것이다.

"보라 내가 속히 오리니 내가 줄 상이 내게 있어 각 사람에게 그가 행한 대로 갚아 주리라"(계 22:12).

III. 심판의 표준 – 계시된 의지

하나님께서 모든 이성적 피조물들을 그 행위를 따라 심판하실 때 그 심판의 표준은 무엇이겠는가? 그것은 하나님의 뜻이다. 그 뜻 가운데서도 나타내신 뜻 곧 계시된 의지(신 29:29 참조)이다.

"주인의 뜻을 알고도 준비하지 아니하고 그 뜻대로 행하지 아니한 종은 많이 맞을 것이요 알지 못하고 맞을 일을 행한 종은 적게 맞으리라 무릇 많이 받은 자에게는 많이 요구할 것이요 많이 맡은 자에게는 많이 달라 할 것이니라"(눅 12:47, 48).

하나님의 계시된 의지는 두 가지가 있다. 첫째는 인간의 양심에 새겨 놓은 율법이요 둘째는 성경을 통하여 주신 특별계시로서의 율법이다. 이방인들은 전자에 의하여, 유대인들과 신자들은 후자에 의하여 심판을 받게 될 것이다.

《《연습문제》》

1. 최후 심판론의 교리적 중요성은 무엇인가?

2. 최후 심판론의 실제적 중요성은 무엇인가?

3. 최후 심판의 성경적 증거를 밝히라.

4. 최후 심판의 성질을 약술하라.

5. 최후 심판의 심판자는 누구인가?

6. 그리스도께서 심판권을 받으신 이유는 무엇인가?

7. 심판의 대상자는 누구인가?

8. 심판의 표준은 무엇인가?

제 5 장 최후 상태

여기서 다루어질 문제들은 천사론이나 천년왕국론이나 최후 심판에서 이미 산발적으로 언급된 것들이지만 종합하여 다루어 보고자 한다.

제 1절 사단의 최후 상태

I. 사단의 잠시 석방

앞에서 이미 말한 대로 사단은 천년왕국 기간 동안 무저갱 속에 갇혀 있다가 그 왕국의 말기에 잠시동안 석방되어 땅의 사방 백성 곧 곡과 마곡을 미혹하여 그 세력을 가지고 하나님의 거룩한 도성과 성도들을 대항하여 최후의 발악을 하다가 다시 잡히게 될 것이다.

사단의 이 잠시 석방은 아마도 일천 년 동안 무저갱에 갇혀 고통을 당하여도 사단은 역시 사단으로서 조금도 변화되지 않음을 드러내기 위함일 것이다.

II. 최후 심판 후 불과 유황 못에서 영원한 고통을 당함

천년왕국 끝에서 최후의 발악을 하던 사단은 잡혀서 하나님의 최후 심판을 받고 불과 유황 못에 던져져 세세토록 밤낮 괴로움을 받을 것이다(계 20:7-10 참조).

제 2 절 악인의 최후 상태

악인의 최후 상태에 관하여 다음 세 가지 점을 고찰하여 보자.

I. 악인의 처소

최후 심판 후에 악인들이 가는 곳은 사단이 들어가는 동일한 처소 곧 불과 유황 못이다.

- "또 그들을 미혹하는 마귀가 불과 유황 못에 던져지니 거기는 그 짐승과 거짓 선지자도 있어 세세토록 밤낮 괴로움을 받으리라"(계 20:10).

- "13 바다가 그 가운데에서 죽은 자들을 내주고 또 사망과 음부도 그 가운데에서 죽은 자들을 내주매 각 사람이 자기의 행위대로 심판을 받고.....누구든지 생명책에 기록되지 못한 자는 불못에 던져지더라"(계 20:13, 15).

여기서 말하는 불과 유황 못은 결국 '지옥'을 의미한다. 이 사실은 다음 성구에서 알 수 있다.

- "만일 네 눈이 너를 범죄하게 하거든 빼어 내버리라 한 눈으로 영생에 들어가는 것이 두 눈을 가지고 지옥 불에 던져지는 것보다 나으니라"(마 18:9).

어떤 사람들은 지옥을 하나의 장소로 생각하지 않고 다만 고통을 당하는 상태를 의미할 뿐이라고 한다. 그러나 우리는 나사로와 부자의 비유에서(눅 16:19-31 참조) 천국과 지옥은 하나의 경역적인 장소임을 암시받는다. 그리고 한 걸음 더 나아가 악인이나 의인이 다 함께 육체적인 부활을 하게 될 것을 성경이 가르치는 한, 그 육체가 들어가는 곳은 하나의 장소임에 틀림없다.

II. 영벌의 상태

악인들의 영벌을 받는 상태가 어떠할는지 우리는 구체적으로 말할 수 없다. 그러나 성경에 계시된 대로 보면 다음과 같다.

1. 하나님의 은총에서 완전히 끊겨진다.

"그 나라의 본 자손들은 바깥 어두운 데 쫓겨나 거기서 울며 이를 갈게 되리라"(마 8:12).

2. 생활의 끝없는 고민을 맞는다.

"이제 그는 여기서 위로를 받고 너는 괴로움을 받느니라"(눅 16:25).

3. 영육간에 고통을 당한다.

- "이에 그 거지가 죽어 천사들에게 받들려 아브라함의 품에 들어가고 부자도 죽어 장사되매 그가 음부에서 고통중에 눈을 들어 멀리 아브라함과 그의 품에 있는 나사로를 보고 불러 이르되 아버지 아브라함이여 나를 긍휼히 여기사 나사로를 보내어 그 손가락 끝에 물을 찍어 내 혀를 서늘하게 하소서 내가 이 불꽃 가운데서 괴로워하나이다"(눅 16:22-24).

- "거룩한 천사들 앞과 어린 양 앞에서 불과 유황으로 고난을 받으리니"(계 14:10).

4. 그 형벌에는 등급이 있다.

- "내가 너희에게 이르노니 심판 날에 두로와 시돈이 너희보다 견디기 쉬우리라"(마 11:22).
- "심판 날에 소돔 땅이 너보다 견디기 쉬우리라"(마 11:24).
- "주인의 뜻을 알고도 준비하지 아니하고 그 뜻대로 행하지 아니한 종은 많이 맞을 것이요 알지 못하고 맞을 일을 행한 종은 적게 맞으리라 무릇 많이 받은 자에게는 많이 요구할 것이요 많이 맡은 자에게는 많이 달라 할 것이니라"(눅 12:47, 48).
- "그들은 과부의 가산을 삼키며 외식으로 길게 기도하니 그들이 더 엄중한 심판을 받으리라 하시니라"(눅 20:47).

III. 형벌의 기간 - 영원

악인의 지옥 형벌은 영원한 것이다.

- "또 그들을 미혹하는 마귀가 불과 유황 못에 던져지니 거기는 그 짐승과 거짓 선지자도 있어 세세토록 밤낮 괴로움을 받으리라"(계 20:10).
- "그들은 영벌에, 의인들은 영생에 들어가리라 하시니라"(마 25:46).

지옥의 불은 "꺼지지 않는 불"(마 9:43)이며 악인의 구더기는 "죽지 않으며"(막 9:48), 성도들과 악인 사이에는 왕래할 수 없는 "큰 구렁"(눅 16:26)이 있다는 성경의 표현은 모두가 지옥 형벌의 영원성을 말해 주는 것이다.

제 3 절 의인의 최후상태

의인의 최후 상태에 관하여 다음 두 가지를 고찰하여 보자.

I. 의인의 거처

이 주제로부터는 몇 가지 질문이 나온다. ① 신자가 죽어서 가는 현재 천국은 어떤 곳인가? ② 부활 후에 들어갈 처소 곧 장래의 천국은 어떤 곳인가? ③ 신천신지와 새 예루살렘(계 21:1, 2)은 어떤 관계에 있는가? 이 문제들을 차례대로 살펴보자.

1. 현재 죽은 성도들의 영혼이 가는 천국의 위치

물론 그 위치를 확실히 말하기는 어렵다. 그러나 성경에 계시된 범위 안에서 그 대답을 찾아본다면,

1) 그곳은 경역적 장소이다.
천국이 경역적 장소라는 사실은 에녹이나 엘리야가 육신을 가진 채 승천한 사실과 예수님이 부활하신 후에 몸을 가지고 "하늘로 올리우신"(행 1:11) 일에서 증명된다. 그리고 예수님께서 "내가 너희를 위하여 처소를 예비하러"(요 14:2) 간다고 하신 말씀에서도 알 수 있다.

2) 그 곳은 하늘 그 위이다.
"내리셨던 그가 곧 모든 하늘 위에 오르신 자니"(엡 4:10).

3) 그 곳은 삼층천이다.
"내가 그리스도 안에 있는 한 사람을 아노니 십사 년 전에 그가 셋째 하늘에 이끌려 간 자라…그가 낙원으로 이끌려 가서 말할 수 없는 말을 들었으니"(고후 12:2-4).

'셋째 하늘'은 어떤 개념인가? 유대인들은 '하늘'의 개념을 3층으로 구성하였으니, ① 새가 날고 바람이 부는 대기천, ② 해와 달과 별이 있는 성천, ③ 천사와 성도들을 위하여 건설된 거룩한 집인 영천(榮天) 또는 최고천(最高天)이 그것이다.[64]

결론적으로 말해서 현재 죽은 성도들의 영혼이 가 있는 곳은 성천 저 위에 하나님이 예비하신 '삼층천', 곧 '영천'(榮天)이라고 할 수 있다.

2. 부활 후에 들어갈 장래 천국은 어떤 곳인가?

1) 신천신지이다.

"또 내가 새 하늘과 새 땅을 보니 처음 하늘과 처음 땅이 없어졌고 바다도 다시 있지 않더라…하나님이 그들과 함께 계시리니…그들은 하나님의 백성이 되고 하나님은 친히 그들과 함께 계셔서 모든 눈물을 그 눈에서 닦아 주시니 다시는 사망이 없고 애통하는 것이나 곡하는 것이나 아픈 것이 다시 있지 아니하리니 처음 것들이 다 지나갔음이러라"(계 21:1-4).

그러면 신천신지는 현재의 우주와 어떤 관계에 있는가? 어떤 사람들은 현재의 우주가 완전히 없어지고 새로운 우주가 창조된다는 주장을 하나 성경적인 견해는 현재 우주의 갱신이라는 것이다. 이 사실은 ① 만물이 썩어짐의 종노릇하는 데서 해방됨을 기다린다는 말씀(롬 8:19-22)이나 '새 하늘과 새 땅'이라고 할 때 '새'(新)라는 단어는 이미 존재하는 것의 새로운 면모를 뜻하기 때문이다.

2) 새 예루살렘성이다.

"또 내가 보매 거룩한 성 새 예루살렘이 하나님께로부터 하늘에서 내려오니 그 준비한 것이 신부가 남편을 위하여 단장한 것 같더라"(계 21:2).

---

64) *Ibid.*, p. 360.

3. 신천신지와 새 예루살렘성은 어떤 관계인가?

새 예루살렘성은 신천신지의 한 부분으로서 신천신지를 대표한 성역일 것이다.

II. 의인의 영생의 성질

의인들이 신천신지에서 누릴 영생은 어떤 특성을 지닌 것인가?

1. 무궁한 삶

"하나님이 그들과 함께 계시리니 그들은 하나님의 백성이 되고 하나님은 친히 그들과 함께 계셔서 모든 눈물을 그 눈에서 닦아 주시니 다시는 사망이 없고 애통하는 것이나 곡하는 것이나 아픈 것이 다시 있지 아니하리니 처음 것들이 다 지나갔음이러라"(계 21:3, 4).

이들에게는 이제 다시는 죽음이 없다.

2. 완전한 삶

천국에서의 영생은 죄로 부패되었던 인간의 영혼과 육체를 양면에서 완전 성화시켜서 주어진 것이기 때문에 그 삶은 완전할 것이다. "우리가 이제는 거울로 보는 것같이 희미하나 그 때에는 얼굴과 얼굴을 대하여 볼 것이요 이제는 내가 부분적으로 아나 그 때에는 주께서 나를 아신 것같이 내가 온전히 알"(고전 13:12)게 될 것이며, "우리가 흙에 속한 자의 형상을 입은 것같이 또한 하늘에 속한 자의 형상을 입"(고전 15:49)게 될 것이다.

3. 영교(靈交)의 삶

"하나님의 장막이 사람들과 함께 있으매 하나님이 그들과 함께 계시리니 그들은 하나님의 백성이 되고 하나님은 친히 그들과 함께 계시"(계 21:3)는 생활이다. 범죄한 아담은 에덴동산에서 쫓겨났고 천국의 영생은 하나님과 함께 있어 직접 영교를 이루는 삶이다.

4. 성결한 삶

그곳은 "무엇이든지 속된 것이나 가증한 일 또는 거짓말하는 자는 결코 그리로 들어가지 못하"(계 21:27)는 곳이다. 완전 성화된 성도들이 거룩하신 하나님과 완전히 함께 거하는 삶이다.

5. 영화로운 삶

그곳은 "신부가 남편을 위하여 단장한 것"(계 21:2) 같고, "하나님의 영광이 있으매 그 성의 빛이 지극히 귀한 보석 같고 벽옥과 수정같이 맑"(계 21:11)으며, "그 성은 정금인데 맑은 유리 같"(계 21:18)고, "그 열두 문은 열두 진주"(계 21:21)로 묘사된 곳이다. 그리고 성도들은 "종려가지를 들고 보좌 앞과 어린 양 앞에 서서 큰소리로"(계 7:9, 10) 구원을 찬송하며 영광돌리는 삶이다.

> "이것들을 증언하신 이가 이르시되 내가 진실로 속히 오리라 하시거늘 아멘 주 예수여 오시옵소서"(계 22:20).

《《연습문제》》

1. 사단의 최후 상태를 말하라.

2. 악인의 최후 상태를 말하라.

3. 의인의 최후 상태를 말하라.

4. 악인의 영벌의 기간은 언제까지인가?

5. 의인의 영생의 성질을 약술하라.

6. 내세론을 학습하고 난 당신의 소감은?

하문호 지음
신국판, 양장, 664면

실제로 주님과 사랑의 교제를 이루고 살아가는
오늘 우리의 체험보다 아가서는
더 많고 풍성하고 깊은 내용들을 알려주고 있다.
예수님에 관한 한
우리가 구약 성도들에게 가르쳐 주어야 할 입장인데
오히려 아가서는
우리에게
그 분에 관한 많은 것을 가르쳐주고 있다.

하문호 지음

신국판, 양장, 640면

이 책은 신학생들을 대상으로 한
신학교 교재용이 아니라
일반 성도들도 이해하기 쉽게,
해설은 할 수 있는 대로
간단명료하게 쓰여졌다.

교의신학(7) - 내세론

1983년 3월 1일 초 판 1쇄 발행
2010년 7월 30일 수정판 2쇄 발행
2018년 9월 20일 수정판 3쇄 발행

저　자 • 하 문 호
발행인 • 조 경 혜
발행처 • 도서출판 그리심
　　　　07030 서울시 동작구 사당로2길 72 인정 인정 B동 b-01

등록번호 • 제 7-258호(1998. 4. 23)
출 판 사 • 전화 523-7589 팩스 523-7590
홈페이지 • http://grisim.biz / 그리심
전자우편 • grisimcho@hanmail.net

• 저자와 협의하여 검인을 생략함.

값 : 표지 뒷면

ISBN 89-88291-75-1　94230
ISBN 89-88291-11-5　(세트)